COSTITUZIONE
DELLA REPUBBLICA ITALIANA

Introduzione di Umberto Vincenti

Testo integrale aggiornato alla legge costituzionale
7 novembre 2022, n. 2

www.intraedizioni.it
edizioni@intra.pro

ISBN 979-12-5991-532-0

INDICE

UN'INTRODUZIONE ALLA NOSTRA COSTITUZIONE

Sommario: 1. La storia – 2. Topografia del testo costituzionale – 3. Una Repubblica imperfetta – 4. Il potere parcellizzato. – 5. Il regionalismo – 6. Una Repubblica di partiti

1. *La storia*

La genesi della nostra Costituzione consegue – non solo formalmente – all'esito del referendum istituzionale del 2 giugno 1946, quando i cittadini italiani (le donne al voto per la prima volta) vollero essere una repubblica. Fu una scelta manifestata votando non un quesito espresso attraverso una formula verbale, ma apponendo «un segno nella casella a fianco del contrassegno prescelto» (come si leggeva nella scheda). Così il cittadino aveva trovato, a sinistra, un tondino con la dicitura "Repubblica", a destra, un altro con la dicitura "Monarchia"; e, dentro i tondini, da una parte, l'Italia turrita, dall'altra lo scudo sabaudo.

Il fatto costituente sta qua, in quest'opzione che ha manifestato la volontà costituente di tutto il popolo italiano: da questo punto di vista, che è quello della fondazione della nostra forma di stato e di governo, Resistenza e antifascismo sono vicende storiche importanti nella storia dell'Italia, ma non fondanti della Repubblica, che non si sarebbe instaurata se avesse prevalso la Monarchia.

Contestualmente alla scheda per il referendum venne consegnata agli elettori un'altra scheda per l'elezione dei membri dell'Assemblea costituente, che avrebbe dovuto redigere la nuova costituzione repubblicana. I costituenti eletti furono 556, di cui 21 donne. L'Assemblea si insediò il 25 giugno 1946. Dei deputati alla Costituente la maggioranza relativa (207 seggi) era della Democrazia Cristiana; ma il blocco social-comunista aveva la maggioranza assoluta (219 seggi). Però l'11 gennaio del 1947, con la scissione di Palazzo Barberini, e la nascita del Partito Socialista dei lavoratori italiani (poi Partito Socialista Democratico Italiano), cambiarono i rapporti di forza per il profilo moderato della nuova formazione politica voluta da Giuseppe Saragat (che, in quanto eletto anche dai membri del partito da lui scisso, si dimetterà rispettosamente dalla presidenza della Costituente il giorno successivo alla scissione, sostituito dal comunista Umberto Terracini).

Fu costituita una Commissione (dei 75) per la redazione del progetto costituzionale; e, in seno a questa, tre sottocommissioni: la prima relativa ai «diritti e doveri dei cittadini», la seconda «all'ordinamento costituzionale della Repubblica», la terza ai «diritti e doveri economici-sociali». Il testo definitivo fu pubblicato nella Gazzetta Ufficiale il 27 dicembre 1947; e la Costituzione entrò in vigore il 1° gennaio 1948.

I *leaders* dei due maggiori partiti, la Democrazia Cristiana e il Partito Comunista, non furono egualmente presenti durante i lavori della Costituente. De Gasperi, che era a capo del governo nazionale, intervenne solo in occasione della discussione e approvazione dell'art. 7 sui Patti Lateranensi e della legge costituzionale di approvazione dello Statuto speciale del Trentino-Alto Adige. Togliatti, invece, partecipò assiduamente alle sedute della prima sottocommissione, che riuscì abilmente a dominare, anche grazie alla sua levatura intellettuale, e trovando facilmente l'accordo con Dossetti e La Pira, i "professorini" della Democrazia Cristiana, con idee abbastanza radicali in tema di diritti della persona e non sempre in sintonia con la maggioranza del loro partito. Probabilmente De Gasperi giudicava la prima parte della Costituzione come un insieme di regole programmatiche e per questo richiedenti di essere attuate tramite leggi ordinarie: una valutazione che si dimostrò errata in quanto non condivisa dalla magistratura che, negli anni successivi, le ritenne suscettibili di applicazione immediata. Comunque sia, questa differente partecipazione dei due *leaders* non fu priva di effetti sui contenuti del testo costituzionale.

2. *Topografia del testo costituzionale*

La Costituzione italiana constava originariamente di 139 articoli e di XVIII disposizioni transitorie e finali: sono però stati successivamente abrogati gli artt. 115, 124, 128, 129, 130. Essa è organizzata in due parti distinte: la prima è intitolata «Diritti e doveri dei cittadini» (artt. 13-54), la seconda «Ordinamento della Repubblica» (artt. 55-139). Precedono dodici «Principi fondamentali».

Presidiano questa topografia – quasi fosse un quadrato – 4 articoli, i primi due e gli ultimi due: vediamo.

L'art. 1 afferma che «l'Italia è una Repubblica democratica» e che «la sovranità appartiene al popolo». L'art. 2, che «la Repubblica riconosce e garantisce i diritti inviolabili dell'uomo». L'art. 138, che la revisione del testo costituzionale deve essere approvata «dalla maggioranza assoluta dei componenti di ciascuna Camera»; oppure dai due terzi, ad evitare il *referendum* popolare. Infine, l'art. 139, che «la forma repubblicana» è immutabile.

Come si vede, al vertice delle opzioni dei costituenti, si schierano la forma repubblicana (e la sua intangibilità), i diritti inviolabili (però, non individuati), la rigidità della Costituzione, nel senso che il testo non è modificabile tanto facilmente. Questo è il perimetro tracciato; ma vedremo che esso non è complessivamente garantito come ci si attenderebbe; e, anzi, che solo la procedura di revisione non è mai stata contraddetta o elusa, com'è ovvio trattandosi di regole procedurali.

Si intuisce che i costituenti abbiano inteso proteggere la Costituzione dal pericolo di modifiche non sufficientemente condivise e in grado di compromettere gli assetti di potere stabiliti. Su ciò ritorneremo; ma è da tener presente che la Carta del '48 è stata elaborata in conseguenza del secondo conflitto mondiale, della sciagura che esso ha determinato per l'Italia, degli orrori che ha sparso nel mondo (e delle relative responsabilità, ascrivibili ai regimi dittatoriali di Germania e Italia). Lo ammise anche Togliatti: si voleva che «quello che è avvenuto una volta non possa più ripetersi». Non poteva essere altrimenti. Ma è oggettivo che la Costituzione fu scritta quando il Paese si trovava avvolto da un trauma collettivo (e, in parte, non ancora superato); e questa non era la situazione migliore per costruire il fondamento giuridico del nuovo stato repubblicano.

3. *Una Repubblica imperfetta*

Il *referendum* del 2 giugno ci ha consegnato la Repubblica; e nello stesso giorno il popolo italiano ha investito i costituenti del compito di articolare uno statuto idoneo a farci sentire presente e viva la Repubblica e a farci avvertire cittadini repubblicani. Ma il risultato che emerge dal testo non può ritenersi soddisfacente. I limiti imposti alla sovranità popolare sembrano eccessivi. Si consideri, per esempio, che il referendum abrogativo (l'unico consentito dall'art. 75 Cost.) non può essere proposto dai cittadini per ottenere l'abrogazione delle leggi più importanti, quelle che li toccano di più. Si consideri ancora, sempre ad esempio, che i cittadini non eleggono né il Presidente della Repubblica, né il Presidente del Consiglio dei Ministri, né i singoli Ministri. E, ancora, si valuti se il principio di alternanza – che è essenziale in una repubblica – sia realizzato dalla Costituzione italiana in quanto essa non stabilisce alcun limite circa la possibilità di iterare il mandato, nemmeno per le cariche di vertice; e, relativamente al Presidente della Repubblica, non solo non pone alcun limite all'iterazione, ma anche prevede una durata del mandato di ben sette anni.

A ciò si aggiunga che la relazione con la volontà popolare è solo indiretta e comunque parziale in organi di rilevanza primaria quali la Corte costituzionale (art. 135 Cost.) e il Consiglio superiore della magistratura (art. 104 Cost.).

4. *Il potere parcellizzato*

Un costituente insigne come Leo Valiani, aderente al Partito d'Azione, ammise che nella Costituzione si volle deliberatamente evitare che la Repubblica avesse un esecutivo sufficientemente forte: «l'essenziale» – scrisse Valiani – «era che tutti i partiti esistenti nel Paese fossero rappresentati nel Parlamento, avessero gli stessi diritti e doveri e che il Parlamento rispecchiasse fedelmente il Paese». Parole forti, ma credibili perché di un costituente autorevole e non certo appartenente alla destra; credibili, comunque, perché l'esperienza di tanti decenni conferma la veridicità di quest'analisi e supporta le ragioni di chi da tempo vorrebbe riformare la Costituzione per dare maggior forza al Governo.

L'opera dei costituenti diretta a parcellizzare il potere dello Stato è stata condotta ad ampio raggio. La prima direzione l'abbiamo già indicata: il contenimento dell'energia proveniente dal basso attraverso quelle «forme» e quei «limiti» alla sovranità popolare annunciati fin nell'art. 1. La seconda direzione è rivolta verso la magistratura: le prerogative di quest'ordine – «autonomo e indipendente da ogni altro potere» – sono notevoli nel contesto dell'ordinamento della Repubblica. Si è già accennato alla Corte costituzionale e al Consiglio superiore della magistratura: in entrambi questi consessi i membri eletti direttamente dai magistrati sono in numero significativo, due terzi (più il primo presidente e il procuratore generale della Cassazione) nel Consiglio superiore, un terzo nella Corte (nella quale si giudica della costituzionalità delle leggi, che sono manifestazione diretta della volontà popolare e non dell'ordine dei magistrati). La terza direzione è da individuarsi nell'assoluta primazia dei diritti individuali rispetto ai doveri: nel tempo lungo quest'opzione, indubbiamente giustificata dall'annientamento della dignità umana consumato durante gli anni della guerra, ha prodotto un potenziamento dei singoli individui e, inevitabilmente, il depotenziamento della collettività o, se si preferisca, delle masse. Ciò ha influito anche sulla tenuta dello spirito pubblico che si è via via affievolito in conseguenza dell'affievolimento dei doveri che, pur presenti nel dettato dell'art. 2, sono però trascurati o non articolati nello sviluppo del testo costituzionale. Si deve pure sottolineare che «i diritti inviolabili dell'uomo», di cui al medesimo art. 2, sono rimessi, come pur accennato, alla determinazione non solo della legge, ma anche delle sentenze giudiziarie (e nei fatti è accaduto che le sentenze siano state parecchio più incisive) e della Corte costituzionale; e questo, da un lato, ha ulteriormente contenuto la sovranità popolare (anche per le omissioni del Parlamento), dall'altro, ha ulteriormente accresciuto il potere della magistratura.

Vi è un'altra direzione additata dai costituenti, particolarmente rilevante e problematica, quella del regionalismo che merita qualche considerazione in più.

5. *Il regionalismo*

Un costituente del valore di Piero Calamandrei aveva sostenuto l'ispirazione mazziniana della Costituzione del '48. È una valutazione che qualche perplessità la suscita se si dà un'occhiata alla Costituzione (mazziniana) della Repubblica romana del 1849. Per esempio, in quest'ultima, si identifica «il popolo» con la «repubblica democratica»; o si garantisce al Pontefice solo «l'esercizio indipendente del potere spirituale». Ma il semplice confronto con gli artt. 1 e 7 della nostra Costituzione manifesta con evidenza la cesura rispetto alla Costituzione del 1849.

Qui interessa il titolo V della Costituzione italiana che attribuisce – molto di più dopo la riforma costituzionale del 2001 – poteri estesi e rilevanti alle Regioni: si segnala che la riforma del 2001 ha cancellato dall'art. 117 (nella formulazione licenziata dall'Assemblea costituente) la provvida disposizione che imponeva alla legislazione regionale di emanare norme che «non siano in contrasto con l'interesse nazionale e con quello di altre Regioni». Probabilmente il regionalismo introdotto dalla Costituzione non avrebbe comunque trovato il consenso di Mazzini, sostenendo egli che «l'Italia del Nord, le tre Italie, le cinque Italie sono bestemmie di sofisti».

D'altra parte, nella tradizione federalista risorgimentale il modello regionale non era coltivato e l'attenzione era riservata al modello dello stato federale. Ora, la formula dello stato regionale, inaugurata dalla Costituzione, rappresenta un dispositivo a mezzo – un compromesso, veramente – tra il semplice decentramento amministrativo e, appunto, lo stato federale. È quanto riconosceva lo stesso on. Stefano Jacini, nel discorso alla Costituente pronunciato in replica alle critiche mosse all'ibrido del regionalismo: il «tipo regionale italiano» si sarebbe distinto «nettamente sia dal decentramento amministrativo promosso dal centro ed introdotto coattivamente alla periferia, sia dal sistema federativo, che sottrae il principio di sovranità allo Stato per ripartirlo fra vari stati ossia fra le Regioni che vengono fra loro federate». Ma era un ibrido inventato dai costituenti per un Paese nel quale erano tradizionalmente i comuni le istituzioni avvertite come più rappresentative; un ibrido forse azzardato, considerando che si trattava di impiantarlo in uno Stato nato profondamente diviso tra le sue parti, specialmente tra Nord e Sud.

Il regionalismo venne attuato solo nel 1970. Probabilmente il ritardo celava i timori della stessa classe dirigente circa le incognite a cui si sarebbe potuti andare incontro attuando questa parte della Costituzione del '48. D'altra parte, sono trascorsi identicamente ventidue anni (2001-2023) anche dalla riforma del titolo V e ad oggi il regionalismo rafforzato introdotto da quest'ultima non è stato attuato; e gravi sono i dissensi circa la sua attuazione.

Nel 1978, a distanza di un po' d'anni dall'entrata in vigore dell'ordinamento regionale, uno dei nostri maggiori giuristi del Novecento, Arturo Carlo Jemolo, scrisse di essersi pentito di aver condiviso certe scelte dei costituenti quali quelle in tema di decentramento e di autonomie locali: «ero così sciocco da pensare che dove in un Ministero c'erano venti direttori di divisione, diciannove sarebbero passati alle Regioni e la burocrazia ministeriale sarebbesi ridotta ai minimi termini». Tuttavia, proprio questo imponeva l'VIII disposizione transitoria e finale della Costituzione: «Leggi della Repubblica regolano il passaggio alle Regioni di funzionari e dipendenti dello Stato, anche delle amministrazioni centrali, che sia reso necessario dal nuovo ordinamento. Per la formazione dei loro uffici le Regioni devono, tranne che in casi di necessità, trarre il proprio personale da quello dello Stato e degli enti locali». Una disposizione – una direttiva di razionalità economico-amministrativa – di cui oggi nessuno parla più.

Ora, gli anni Settanta hanno segnato l'inizio della voragine del debito pubblico italiano; ed è facile relazionare l'aumento del debito con l'entrata in funzione delle Regioni a statuto ordinario. Ma è indubbio che le Regioni abbiano disposto di grandi risorse, moltiplicato il ceto politico e i burocrati, aggravato pesantemente la burocrazia, ottenuto molti poteri (e altri ne esigono in applicazione della legge costituzionale 18 ottobre 2001, n. 3, che appunto ha riformato il titolo V).

È anche accaduto che le Regioni, specie quelle del Nord (cioè le più ricche), abbiano proporzionalmente acquisito – meglio reclamato – un'identità peculiare attraverso la quale sostenere la loro distinzione dal resto del Paese, di colpo apparso – o che si è cercato di far apparire – come qualcosa d'altro: i molti poteri e questa reclamata identità delle Regioni hanno talora animato la suggestione di una quasi indipendenza che, se pur non esistente giuridicamente, alcuni si sono convinti che si sarebbe potuta acquisire quale logico sviluppo del disegno regionalistico presente nella Costituzione.

L'impressione è che la riforma del 2001 e la sua invocata applicazione (autonomia cosiddetta differenziata) siano espressione di interessi particolari, dei partiti specialmente: di quelli che, prima, hanno voluto la riforma (ispirata dal DS Franco Bassanini) e di quelli che, poi, ne esigono la radicale attuazione (su tutti la Lega). A ciò non sono estranei gli interessi piuttosto egoistici di alcune grandi Regioni del Nord. L'impressione è che il disegno originario dei costituenti, pur connotato da una certa ambiguità, sia stato profondamente alterato. Scomparso «l'interesse nazionale», risulta piuttosto oscuro, nel contesto normativo vigente, il significato di una disposizione (importante) quale quella di cui all'*incipit* dell'art. 5: «La Repubblica, una e indivisibile, riconosce e promuove le autonomie locali».

6. *Una Repubblica di partiti*

Non vi è, però, dubbio che la Costituente abbia avvertito, nonostante le contraddizioni segnalate, la necessità di ricercare il più possibile l'unità di intenti. Ma vi era anche, e forse di più, il timore dei due maggiori partiti di venire sminuiti – dopo l'esperienza, per certi aspetti esaltante, del Comitato di liberazione nazionale – dalla nascita di una forte struttura istituzionale, espressione immediata e diretta della volontà dei cittadini elettori. Fondamentalmente per questo la nostra Costituzione ha preferito impiantare una democrazia dei partiti in luogo di una repubblica dei cittadini. Vi è un'espressione di un costituente autorevole come Lelio Basso che scopre la volontà comune allora coltivata: custodire «la democrazia dei partiti già in atto», i partiti dell'Assemblea costituente e del Comitato centrale di liberazione nazionale (CLN), quei partiti che governeranno integri il Paese fino a Tangentopoli.

La Repubblica dei partiti così concepita ha espresso modi e forme conseguenti nell'azione di governo: confronto e concertazione senza fine, ma anche mediazioni e accomodamenti funzionali solo a riconoscere comunque un *quid* a ciascun partito o a ciascuna corrente partitica, a non scontentare – o scontentare del tutto – categorie, gruppi, corporazioni. Per vero, nell'Assemblea costituente, non era mancato chi aveva presagito questo sviluppo: proprio Merlin, il relatore al testo dell'art. 49 (sulla funzione affidata ai partiti), faceva presente «che è la prima volta che in una Carta statutaria entrano i partiti con una propria fisionomia, con una propria organizzazione e quindi con la possibilità domani che a questi partiti si affidino dei compiti costituzionali». Nella sostanza prevalse la linea tracciata da Dossetti e tosto fatta propria da Togliatti: «la prima sottocommissione» – leggiamo nell'ordine del giorno formulato da Dossetti il 20 novembre 1946 – «ritiene necessario che la Costituzione affermi il principio del riconoscimento giuridico dei partiti politici e dell'attribuzione ad essi di compiti istituzionali».

Erano così consegnate alle strutture partitiche l'iniziativa e la proposta politica, non solo nella competizione elettorale, ma anche nella continuità della vita istituzionale. Occorre, però, riconoscere che, per decenni, la Repubblica dei partiti ha offerto al Paese benefici di vario genere: dalla rapida ripresa nel dopoguerra al *boom* economico degli anni Sessanta e al *welfare* diffuso. Per di più i partiti esistenti erano impegnati, nessuno escluso, sull'intero territorio nazionale, coltivando interessi e ideali uniformi. Probabilmente erano anche diretti da persone attrezzate culturalmente e istituzionalmente.

Se si considerano gli attuali partiti e movimenti, caratterizzati dal personalismo di *leaders* non sempre all'altezza, e taluno, dalla difesa degli interessi alcune Regioni, è scontato concludere che, anche per questo rilevante aspetto della vita istituzionale italiana, il progetto dei costituenti sia risultato notevolmente alterato.

Queste alterazioni, queste deviazioni, hanno nuociuto, e nuocciono, all'Italia. E, forse, confermano che la struttura costituzionale consegnataci dai costituenti aveva caratteristiche di contingenza legate alla drammaticità dell'epoca in cui essi si trovarono ad operare. Ma si deve anche riconoscere come non poche, importanti, direttrici di quel progetto siano state obliate o depotenziate, quali, tra le altre: la tutela del paesaggio e del patrimonio storico e artistico della Nazione (art. 9), la responsabilità diretta di funzionari e dipendenti dello Stato e degli enti pubblici (art. 28), il diritto dei capaci e dei meritevoli di raggiungere i gradi più alti negli studi (art. 34), il diritto di ogni lavoratore a una retribuzione sufficiente per un'esistenza libera e dignitosa (art. 36), il divieto per l'iniziativa economica privata di svolgersi in contrasto con l'utilità sociale (art. 41), il dovere di ogni cittadino di concorrere alle spese pubbliche in ragione della sua capacità contributiva (art. 53), il dovere di chi eserciti funzioni pubbliche di adempierle con disciplina e onore (art. 54), il dovere di assicurare il buon andamento e l'imparzialità dell'azione amministrativa (art. 97). Si potrebbe continuare ancora un poco; ma quanto richiamato è sufficiente per avvertire la cultura civica che i costituenti si sono sforzati di affidare alle parole e, loro tramite, a tutti gli Italiani.

Una Costituzione, in conclusione, tra luci e ombre; ma che tutti dovrebbero leggere, subito apprezzandone l'uso quasi letterario della lingua italiana, esempio perfetto di come un legislatore dovrebbe esprimere la sua volontà ai cittadini di una repubblica. Un esempio, purtroppo, anch'esso obliato se si considera il linguaggio imbarbarito che è usuale, ai giorni nostri, in tutta la legislazione italiana.

COSTITUZIONE

DELLA REPUBBLICA ITALIANA

Testo integrale aggiornato alla legge costituzionale
7 novembre 2022, n. 2

IL CAPO PROVVISORIO DELLO STATO

Vista la deliberazione dell'Assemblea Costituente, che nella seduta del 22 dicembre 1947 ha approvato la Costituzione della Repubblica Italiana;

Vista la XVIII disposizione finale della Costituzione;

Promulga

La Costituzione della Repubblica Italiana nel seguente testo:

PRINCIPI FONDAMENTALI

Art. 1.

L'Italia è una Repubblica democratica, fondata sul lavoro.

La sovranità appartiene al popolo, che la esercita nelle forme e nei limiti della Costituzione.

Art. 2.

La Repubblica riconosce e garantisce i diritti inviolabili dell'uomo, sia come singolo sia nelle formazioni sociali ove si svolge la sua personalità, e richiede l'adempimento dei doveri inderogabili di solidarietà politica, economica e sociale.

Art. 3.

Tutti i cittadini hanno pari dignità sociale e sono eguali davanti alla legge, senza distinzione di sesso, di razza, di lingua, di religione, di opinioni politiche, di condizioni personali e sociali.

È compito della Repubblica rimuovere gli ostacoli di ordine economico e sociale, che, limitando di fatto la libertà e l'eguaglianza dei cittadini, impediscono il pieno sviluppo della persona umana e l'effettiva partecipazione di tutti i lavoratori all'organizzazione politica, economica e sociale del Paese.

Art. 4.

La Repubblica riconosce a tutti i cittadini il diritto al lavoro e promuove le condizioni che rendano effettivo questo diritto.

Ogni cittadino ha il dovere di svolgere, secondo le proprie possibilità e la propria scelta, un'attività o una funzione che concorra al progresso materiale o spirituale della società.

Art. 5.

La Repubblica, una e indivisibile, riconosce e promuove le autonomie locali; attua nei servizi che dipendono dallo Stato il più ampio decentramento amministrativo; adegua i principî ed i metodi della sua legislazione alle esigenze dell'autonomia e del decentramento.

Art. 6.

La Repubblica tutela con apposite norme le minoranze linguistiche.

Art. 7.

Lo Stato e la Chiesa cattolica sono, ciascuno nel proprio ordine, indipendenti e sovrani.

I loro rapporti sono regolati dai Patti Lateranensi. Le modificazioni dei Patti, accettate dalle due parti, non richiedono procedimento di revisione costituzionale.

Art. 8.

Tutte le confessioni religiose sono egualmente libere davanti alla legge.

Le confessioni religiose diverse dalla cattolica hanno diritto di organizzarsi secondo i propri statuti, in quanto non contrastino con l'ordinamento giuridico italiano.

I loro rapporti con lo Stato sono regolati per legge sulla base di intese con le relative rappresentanze.

Art. 9.

La Repubblica promuove lo sviluppo della cultura e la ricerca scientifica e tecnica.

Tutela il paesaggio e il patrimonio storico e artistico della Nazione.

Tutela l'ambiente, la biodiversità e gli ecosistemi, anche nell'interesse delle future generazioni. La legge dello Stato disciplina i modi e le forme di tutela degli animali[1].

Art. 10.

L'ordinamento giuridico italiano si conforma alle norme del diritto internazionale generalmente riconosciute.

La condizione giuridica dello straniero è regolata dalla legge in conformità delle norme e dei trattati internazionali.

Lo straniero, al quale sia impedito nel suo paese l'effettivo esercizio delle libertà democratiche garantite dalla Costituzione italiana, ha diritto d'asilo nel territorio della Repubblica, secondo le condizioni stabilite dalla legge.

Non è ammessa l'estradizione dello straniero per reati politici[2].

Art. 11.

L'Italia ripudia la guerra come strumento di offesa alla libertà degli altri popoli e come mezzo di risoluzione delle controversie internazionali; consente, in condizioni di parità con gli altri Stati, alle limitazioni di sovranità necessarie ad un ordinamento che assicuri la pace e la giustizia fra le Nazioni; promuove e favorisce le organizzazioni internazionali rivolte a tale scopo.

Art. 12.

La bandiera della Repubblica è il tricolore italiano: verde, bianco e rosso, a tre bande verticali di eguali dimensioni.

---

[1] Comma inserito con l'art. 1, comma 1, della legge costituzionale 11 febbraio 2022, n. 1.

[2] A norma dell'articolo unico della legge costituzionale 21 giugno 1967, n. 1, «l'ultimo comma dell'articolo 10 e l'ultimo comma dell'art. 26 della Costituzione non si applicano ai delitti di genocidio».

Parte I
Diritti e doveri dei cittadini

Titolo I
Rapporti civili

Art. 13.

La libertà personale è inviolabile.

Non è ammessa forma alcuna di detenzione, di ispezione o perquisizione personale, né qualsiasi altra restrizione della libertà personale, se non per atto motivato dell'autorità giudiziaria e nei soli casi e modi previsti dalla legge.

In casi eccezionali di necessità ed urgenza, indicati tassativamente dalla legge, l'autorità di pubblica sicurezza può adottare provvedimenti provvisori, che devono essere comunicati entro quarantotto ore all'autorità giudiziaria e, se questa non li convalida nelle successive quarantotto ore, si intendono revocati e restano privi di ogni effetto.

È punita ogni violenza fisica e morale sulle persone comunque sottoposte a restrizioni di libertà.

La legge stabilisce i limiti massimi della carcerazione preventiva.

Art. 14.

Il domicilio è inviolabile.

Non vi si possono eseguire ispezioni o perquisizioni o sequestri, se non nei casi e modi stabiliti dalla legge secondo le garanzie prescritte per la tutela della libertà personale.

Gli accertamenti e le ispezioni per motivi di sanità e di incolumità pubblica o a fini economici e fiscali sono regolati da leggi speciali.

Art. 15.

La libertà e la segretezza della corrispondenza e di ogni altra forma di comunicazione sono inviolabili.

La loro limitazione può avvenire soltanto per atto motivato dell'autorità giudiziaria con le garanzie stabilite dalla legge.

Art. 16

Ogni cittadino può circolare e soggiornare liberamente in qualsiasi parte del territorio nazionale, salvo le limitazioni che la legge stabilisce in via generale per motivi di sanità o di sicurezza. Nessuna restrizione può essere determinata da ragioni politiche.

Ogni cittadino è libero di uscire dal territorio della Repubblica e di rientrarvi, salvo gli obblighi di legge.

Art. 17.

I cittadini hanno diritto di riunirsi pacificamente e senz'armi.

Per le riunioni, anche in luogo aperto al pubblico, non è richiesto preavviso.

Delle riunioni in luogo pubblico deve essere dato preavviso alle autorità, che possono vietarle soltanto per comprovati motivi di sicurezza o di incolumità pubblica.

Art. 18.

I cittadini hanno diritto di associarsi liberamente, senza autorizzazione, per fini che non sono vietati ai singoli dalla legge penale.

Sono proibite le associazioni segrete e quelle che perseguono, anche indirettamente, scopi politici mediante organizzazioni di carattere militare.

Art. 19.

Tutti hanno diritto di professare liberamente la propria fede religiosa in qualsiasi forma, individuale o associata, di farne propaganda e di esercitarne in privato o in pubblico il culto, purché non si tratti di riti contrari al buon costume.

Art. 20.

Il carattere ecclesiastico e il fine di religione o di culto d'una associazione od istituzione non possono essere causa di speciali limitazioni legislative, né di speciali gravami fiscali per la sua costituzione, capacità giuridica e ogni forma di attività.

Art. 21.

Tutti hanno diritto di manifestare liberamente il proprio pensiero con la parola, lo scritto e ogni altro mezzo di diffusione.

La stampa non può essere soggetta ad autorizzazioni o censure.

Si può procedere a sequestro soltanto per atto motivato dell'autorità giudiziaria nel caso di delitti, per i quali la legge sulla stampa espressamente lo autorizzi, o nel caso di violazione delle norme che la legge stessa prescriva per l'indicazione dei responsabili.

In tali casi, quando vi sia assoluta urgenza e non sia possibile il tempestivo intervento dell'autorità giudiziaria, il sequestro della stampa periodica può essere eseguito da ufficiali di polizia giudiziaria, che devono immediatamente, e non mai oltre ventiquattro ore, fare denunzia all'autorità giudiziaria. Se questa non lo convalida nelle ventiquattro ore successive, il sequestro s'intende revocato e privo di ogni effetto.

La legge può stabilire, con norme di carattere generale, che siano resi noti i mezzi di finanziamento della stampa periodica.

Sono vietate le pubblicazioni a stampa, gli spettacoli e tutte le altre manifestazioni contrarie al buon costume. La legge stabilisce provvedimenti adeguati a prevenire e a reprimere le violazioni.

Art. 22.

Nessuno può essere privato, per motivi politici, della capacità giuridica, della cittadinanza, del nome.

Art. 23.

Nessuna prestazione personale o patrimoniale può essere imposta se non in base alla legge.

Art. 24.

Tutti possono agire in giudizio per la tutela dei propri diritti e interessi legittimi.

La difesa è diritto inviolabile in ogni stato e grado del procedimento.

Sono assicurati ai non abbienti, con appositi istituti, i mezzi per agire e difendersi davanti ad ogni giurisdizione.

La legge determina le condizioni e i modi per la riparazione degli errori giudiziari.

Art. 25.

Nessuno può essere distolto dal giudice naturale precostituito per legge.

Nessuno può essere punito se non in forza di una legge che sia entrata in vigore prima del fatto commesso.

Nessuno può essere sottoposto a misure di sicurezza se non nei casi previsti dalla legge.

Art. 26.

L'estradizione del cittadino può essere consentita soltanto ove sia espressamente prevista dalle convenzioni internazionali.

Non può in alcun caso essere ammessa per reati politici[3].

Art. 27.

La responsabilità penale è personale.

L'imputato non è considerato colpevole sino alla condanna definitiva.

Le pene non possono consistere in trattamenti contrari al senso di umanità e devono tendere alla rieducazione del condannato.

Non è ammessa la pena di morte[4].

Art. 28.

I funzionari e i dipendenti dello Stato e degli enti pubblici sono direttamente responsabili, secondo le leggi penali, civili e amministrative, degli atti compiuti in violazione di diritti. In tali casi la responsabilità civile si estende allo Stato e agli enti pubblici.

---

[3] A norma dell'articolo unico della legge costituzionale 21 giugno 1967, n. 1, «l'ultimo comma dell'articolo 10 e l'ultimo comma dell'art. 26 della Costituzione non si applicano ai delitti di genocidio».

[4] Le parole «, se non nei casi previsti dalle leggi militari di guerra» sono state soppresse con l'art. 1, comma 1, della legge costituzionale 2 ottobre 2007, n. 1.

Titolo II
Rapporti etico-sociali

Art. 29.

La Repubblica riconosce i diritti della famiglia come società naturale fondata sul matrimonio.

Il matrimonio è ordinato sull'eguaglianza morale e giuridica dei coniugi, con i limiti stabiliti dalla legge a garanzia dell'unità familiare.

Art. 30.

È dovere e diritto dei genitori mantenere, istruire ed educare i figli, anche se nati fuori del matrimonio.

Nei casi di incapacità dei genitori, la legge provvede a che siano assolti i loro compiti.

La legge assicura ai figli nati fuori del matrimonio ogni tutela giuridica e sociale, compatibile con i diritti dei membri della famiglia legittima.

La legge detta le norme e i limiti per la ricerca della paternità.

Art. 31.

La Repubblica agevola con misure economiche e altre provvidenze la formazione della famiglia e l'adempimento dei compiti relativi, con particolare riguardo alle famiglie numerose.

Protegge la maternità, l'infanzia e la gioventù, favorendo gli istituti necessari a tale scopo.

Art. 32.

La Repubblica tutela la salute come fondamentale diritto dell'individuo e interesse della collettività, e garantisce cure gratuite agli indigenti.

Nessuno può essere obbligato a un determinato trattamento sanitario se non per disposizione di legge. La legge non può in nessun caso violare i limiti imposti dal rispetto della persona umana.

Art. 33.

L'arte e la scienza sono libere e libero ne è l'insegnamento.

La Repubblica detta le norme generali sull'istruzione ed istituisce scuole statali per tutti gli ordini e gradi.

Enti e privati hanno il diritto di istituire scuole ed istituti di educazione, senza oneri per lo Stato.

La legge, nel fissare i diritti e gli obblighi delle scuole non statali che chiedono la parità, deve assicurare ad esse piena libertà e ai loro alunni un trattamento scolastico equipollente a quello degli alunni di scuole statali.

È prescritto un esame di Stato per l'ammissione ai vari ordini e gradi di scuole o per la conclusione di essi e per l'abilitazione all'esercizio professionale.

Le istituzioni di alta cultura, università ed accademie, hanno il diritto di darsi ordinamenti autonomi nei limiti stabiliti dalle leggi dello Stato.

Art. 34.

La scuola è aperta a tutti.

L'istruzione inferiore, impartita per almeno otto anni, è obbligatoria e gratuita.

I capaci e meritevoli, anche se privi di mezzi, hanno diritto di raggiungere i gradi più alti degli studi.

La Repubblica rende effettivo questo diritto con borse di studio, assegni alle famiglie ed altre provvidenze, che devono essere attribuite per concorso.

Titolo III
Rapporti patrimoniali

Art. 35.

La Repubblica tutela il lavoro in tutte le sue forme ed applicazioni. Cura la formazione e l'elevazione professionale dei lavoratori.

Promuove e favorisce gli accordi e le organizzazioni internazionali intesi ad affermare e regolare i diritti del lavoro.

Riconosce la libertà di emigrazione, salvo gli obblighi stabiliti dalla legge nell'interesse generale, e tutela il lavoro italiano all'estero.

Art. 36.

Il lavoratore ha diritto ad una retribuzione proporzionata alla quantità e qualità del suo lavoro e in ogni caso sufficiente ad assicurare a sé e alla famiglia un'esistenza libera e dignitosa.

La durata massima della giornata lavorativa è stabilita dalla legge.

Il lavoratore ha diritto al riposo settimanale e a ferie annuali retribuite, e non può rinunziarvi.

Art. 37.

La donna lavoratrice ha gli stessi diritti e, a parità di lavoro, le stesse retribuzioni che spettano al lavoratore. Le condizioni di lavoro devono consentire l'adempimento della sua essenziale funzione familiare e assicurare alla madre e al bambino una speciale adeguata protezione.

La legge stabilisce il limite minimo di età per il lavoro salariato.

La Repubblica tutela il lavoro dei minori con speciali norme e garantisce ad essi, a parità di lavoro, il diritto alla parità di retribuzione.

Art. 38.

Ogni cittadino inabile al lavoro e sprovvisto dei mezzi necessari per vivere ha diritto al mantenimento e all'assistenza sociale.

I lavoratori hanno diritto che siano preveduti ed assicurati mezzi adeguati alle loro esigenze di vita in caso di infortunio, malattia, invalidità e vecchiaia, disoccupazione involontaria.

Gli inabili ed i minorati hanno diritto all'educazione e all'avviamento professionale.

Ai compiti previsti in questo articolo provvedono organi ed istituti predisposti o integrati dallo Stato.

L'assistenza privata è libera.

Art. 39.

L'organizzazione sindacale è libera.

Ai sindacati non può essere imposto altro obbligo se non la loro registrazione presso uffici locali o centrali, secondo le norme di legge.

È condizione per la registrazione che gli statuti dei sindacati sanciscano un ordinamento interno a base democratica.

I sindacati registrati hanno personalità giuridica. Possono, rappresentati unitariamente in proporzione dei loro iscritti, stipulare contratti collettivi di lavoro con efficacia obbligatoria per tutti gli appartenenti alle categorie alle quali il contratto si riferisce.

Art. 40.

Il diritto di sciopero si esercita nell'ambito delle leggi che lo regolano.

Art. 41.

L'iniziativa economica privata è libera.

Non può svolgersi in contrasto con l'utilità sociale o in modo da recare danno alla salute, all'ambiente, alla sicurezza, alla libertà, alla dignità umana[5]. La legge determina i programmi e i controlli opportuni perché l'attività economica pubblica e privata possa essere indirizzata e coordinata a fini sociali e ambientali[6].

Art. 42.

La proprietà è pubblica o privata. I beni economici appartengono allo Stato, ad enti o a privati.

La proprietà privata è riconosciuta e garantita dalla legge, che ne determina i modi di acquisto, di godimento e i limiti allo scopo di assicurarne la funzione sociale e di renderla accessibile a tutti.

La proprietà privata può essere, nei casi preveduti dalla legge, e salvo indennizzo, espropriata per motivi d'interesse generale.

La legge stabilisce le norme ed i limiti della successione legittima e testamentaria e i diritti dello Stato sulle eredità.

Art. 43.

A fini di utilità generale la legge può riservare originariamente o trasferire, mediante espropriazione e salvo indennizzo, allo Stato, ad enti pubblici o a comunità di lavoratori o di utenti determinate imprese o categorie di imprese, che si riferiscano a servizi pubblici essenziali o a fonti di energia o a situazioni di monopolio ed abbiano carattere di preminente interesse generale.

---

[5] Le parole «alla salute, all'ambiente,» sono state inserite con l'art. 2, comma 1, lett. *a)*, della legge costituzionale 11 febbraio 2022, n. 1.

[6] Le parole «e ambientali» sono state aggiunte con l'art. 2, comma 1, lett. *b)*, della legge costituzionale 11 febbraio 2022, n. 1.

Art. 44.

Al fine di conseguire il razionale sfruttamento del suolo e di stabilire equi rapporti sociali, la legge impone obblighi e vincoli alla proprietà terriera privata, fissa limiti alla sua estensione secondo le regioni e le zone agrarie, promuove ed impone la bonifica delle terre, la trasformazione del latifondo e la ricostituzione delle unità produttive; aiuta la piccola e la media proprietà.

La legge dispone provvedimenti a favore delle zone montane.

Art. 45.

La Repubblica riconosce la funzione sociale della cooperazione a carattere di mutualità e senza fini di speculazione privata. La legge ne promuove e favorisce l'incremento con i mezzi più idonei e ne assicura, con gli opportuni controlli, il carattere e le finalità.

La legge provvede alla tutela e allo sviluppo dell'artigianato.

Art. 46.

Ai fini della elevazione economica e sociale del lavoro in armonia con le esigenze della produzione, la Repubblica riconosce il diritto dei lavoratori a collaborare, nei modi e nei limiti stabiliti dalle leggi, alla gestione delle aziende.

Art. 47.

La Repubblica incoraggia e tutela il risparmio in tutte le sue forme; disciplina, coordina e controlla l'esercizio del credito.

Favorisce l'accesso del risparmio popolare alla proprietà dell'abitazione, alla proprietà diretta coltivatrice e al diretto e indiretto investimento azionario nei grandi complessi produttivi del Paese.

Titolo IV
Rapporti politici

Art. 48.

Sono elettori tutti i cittadini, uomini e donne, che hanno raggiunto la maggiore età.

Il voto è personale ed eguale, libero e segreto. Il suo esercizio è dovere civico.

La legge stabilisce requisiti e modalità per l'esercizio del diritto di voto dei cittadini residenti all'estero e ne assicura l'effettività. A tale fine è istituita una circoscrizione Estero per l'elezione delle Camere, alla quale sono assegnati seggi nel numero stabilito da norma costituzionale e secondo criteri determinati dalla legge[7].

Il diritto di voto non può essere limitato se non per incapacità civile o per effetto di sentenza penale irrevocabile o nei casi di indegnità morale indicati dalla legge.

Art. 49.

Tutti i cittadini hanno diritto di associarsi liberamente in partiti per concorrere con metodo democratico a determinare la politica nazionale.

Art. 50.

Tutti i cittadini possono rivolgere petizioni alle Camere per chiedere provvedimenti legislativi o esporre comuni necessità.

---

[7] Comma introdotto con l'art. 1, comma 1, della legge costituzionale 17 gennaio 2000, n. 1.

Art. 51.

Tutti i cittadini dell'uno o dell'altro sesso possono accedere agli uffici pubblici e alle cariche elettive in condizioni di eguaglianza, secondo i requisiti stabiliti dalla legge. A tale fine la Repubblica promuove con appositi provvedimenti le pari opportunità tra donne e uomini[8].

La legge può, per l'ammissione ai pubblici uffici e alle cariche elettive, parificare ai cittadini gli italiani non appartenenti alla Repubblica.

Chi è chiamato a funzioni pubbliche elettive ha diritto di disporre del tempo necessario al loro adempimento e di conservare il suo posto di lavoro.

Art. 52.

La difesa della Patria è sacro dovere del cittadino.

Il servizio militare è obbligatorio nei limiti e modi stabiliti dalla legge. Il suo adempimento non pregiudica la posizione di lavoro del cittadino, né l'esercizio dei diritti politici.

L'ordinamento delle Forze armate si informa allo spirito democratico della Repubblica.

Art. 53.

Tutti sono tenuti a concorrere alle spese pubbliche in ragione della loro capacità contributiva.

Il sistema tributario è informato a criteri di progressività.

---

[8] Il secondo periodo di questo comma è stato aggiunto con l'art. 1, comma 1, della legge costituzionale 30 maggio 2003, n. 1.

Art. 54.

Tutti i cittadini hanno il dovere di essere fedeli alla Repubblica e di osservarne la Costituzione e le leggi.

I cittadini cui sono affidate funzioni pubbliche hanno il dovere di adempierle con disciplina ed onore, prestando giuramento nei casi stabiliti dalla legge.

Parte II
Ordinamento della Repubblica

Titolo I
Il Parlamento

Sezione I
Le Camere

Art. 55.

Il Parlamento si compone della Camera dei deputati e del Senato della Repubblica.

Il Parlamento si riunisce in seduta comune dei membri delle due Camere nei soli casi stabiliti dalla Costituzione.

Art. 56[9].

La Camera dei deputati è eletta a suffragio universale e diretto.

Il numero dei deputati è di quattrocento, otto dei quali eletti nella circoscrizione Estero.

Sono eleggibili a deputati tutti gli elettori che nel giorno delle elezioni hanno compiuto i venticinque anni di età.

La ripartizione dei seggi tra le circoscrizioni, fatto salvo il numero dei seggi assegnati alla circoscrizione Estero, si effettua dividendo il numero degli abitanti della Repubblica, quale risulta dall'ultimo censimento generale della popolazione, per

---

[9] Articolo così sostituito dapprima con l'art. 1 della legge costituzionale 9 febbraio 1963, n. 2, e poi modificato, nei commi secondo e quarto, con l'art. 1, comma 1, della legge costituzionale 23 gennaio 2001, n. 1 e, da ultimo, con l'art. 1, comma 1, della legge costituzionale 19 ottobre 2020, n. 1.

trecentonovantadue e distribuendo i seggi in proporzione alla popolazione di ogni circoscrizione, sulla base dei quozienti interi e dei più alti resti.

Art. 57[10].

Il Senato della Repubblica è eletto a base regionale, salvi i seggi assegnati alla circoscrizione Estero.

Il numero dei senatori elettivi è di duecento, quattro dei quali eletti nella circoscrizione Estero.

Nessuna Regione o Provincia autonoma può avere un numero di senatori inferiore a tre; il Molise ne ha due, la Valle d'Aosta uno.

La ripartizione dei seggi tra le Regioni o le Province autonome, previa applicazione delle disposizioni del precedente comma, si effettua in proporzione alla loro popolazione, quale risulta dall'ultimo censimento generale, sulla base dei quozienti interi e dei più alti resti.

Art. 58.

I senatori sono eletti a suffragio universale e diretto[11].

Sono eleggibili a senatori gli elettori che hanno compiuto il quarantesimo anno.

---

[10] Articolo così sostituito dapprima con l'art. 2 della legge costituzionale 9 febbraio 1963, n. 2, e successivamente modificato, nel terzo comma, con l'art. 2 della legge costituzionale 27 dicembre 1963, n. 3, istitutiva della Regione Molise, nel primo, secondo e quarto comma, con l'art. 2, commi 1, 2 e 3, della legge costituzionale 23 gennaio 2001, n. 1 e, da ultimo, nel secondo, terzo e quarto comma, con l'art. 2, comma 1, della legge costituzionale 19 ottobre 2020, n. 1.

[11] Le parole «dagli elettori che hanno superato il venticinquesimo anno di età» sono state soppresse con l'art. 1, comma 1, della legge costituzionale 18 ottobre 2021, n. 1.

Art. 59.

È senatore di diritto e a vita, salvo rinunzia, chi è stato Presidente della Repubblica.

Il Presidente della Repubblica può nominare senatori a vita cittadini che hanno illustrato la Patria per altissimi meriti nel campo sociale, scientifico, artistico e letterario. Il numero complessivo dei senatori in carica nominati dal Presidente della Repubblica non può in alcun caso essere superiore a cinque[12].

Art. 60.

La Camera dei deputati e il Senato della Repubblica sono eletti per cinque anni[13].

La durata di ciascuna Camera non può essere prorogata se non per legge e soltanto in caso di guerra.

Art. 61.

Le elezioni delle nuove Camere hanno luogo entro settanta giorni dalla fine delle precedenti. La prima riunione ha luogo non oltre il ventesimo giorno dalle elezioni.

Finché non siano riunite le nuove Camere sono prorogati i poteri delle precedenti.

Art. 62.

Le Camere si riuniscono di diritto il primo giorno non festivo di febbraio e di ottobre.

Ciascuna Camera può essere convocata in via straordinaria per iniziativa del suo Presidente o del Presidente della

---

[12] Comma così sostituito con l'art. 3, comma 1, della legge costituzionale 19 ottobre 2020, n. 1.

[13] Comma così sostituito con l'art. 3 della legge costituzionale 9 febbraio 1963, n. 2.

Repubblica o di un terzo dei suoi componenti.

Quando si riunisce in via straordinaria una Camera, è convocata di diritto anche l'altra.

Art. 63.

Ciascuna Camera elegge fra i suoi componenti il Presidente e l'Ufficio di presidenza.

Quando il Parlamento si riunisce in seduta comune, il Presidente e l'Ufficio di presidenza sono quelli della Camera dei deputati.

Art. 64.

Ciascuna Camera adotta il proprio regolamento a maggioranza assoluta dei suoi componenti.

Le sedute sono pubbliche; tuttavia ciascuna delle due Camere e il Parlamento a Camere riunite possono deliberare di adunarsi in seduta segreta.

Le deliberazioni di ciascuna Camera e del Parlamento non sono valide se non è presente la maggioranza dei loro componenti, e se non sono adottate a maggioranza dei presenti, salvo che la Costituzione prescriva una maggioranza speciale.

I membri del Governo, anche se non fanno parte delle Camere, hanno diritto, e se richiesti obbligo, di assistere alle sedute. Devono essere sentiti ogni volta che lo richiedono.

Art. 65.

La legge determina i casi di ineleggibilità e di incompatibilità con l'ufficio di deputato o di senatore.

Nessuno può appartenere contemporaneamente alle due Camere.

Art. 66.

Ciascuna Camera giudica dei titoli di ammissione dei suoi componenti e delle cause sopraggiunte di ineleggibilità e di incompatibilità.

Art. 67.

Ogni membro del Parlamento rappresenta la Nazione ed esercita le sue funzioni senza vincolo di mandato.

Art. 68[14].

I membri del Parlamento non possono essere chiamati a rispondere delle opinioni espresse e dei voti dati nell'esercizio delle loro funzioni.

Senza autorizzazione della Camera alla quale appartiene, nessun membro del Parlamento può essere sottoposto a perquisizione personale o domiciliare, né può essere arrestato o altrimenti privato della libertà personale, o mantenuto in detenzione, salvo che in esecuzione di una sentenza irrevocabile di condanna, ovvero se sia colto nell'atto di commettere un delitto per il quale è previsto l'arresto obbligatorio in flagranza.

Analoga autorizzazione è richiesta per sottoporre i membri del Parlamento ad intercettazioni, in qualsiasi forma, di conversazioni o comunicazioni e a sequestro di corrispondenza.

Art. 69.

I membri del Parlamento ricevono una indennità stabilita dalla legge.

---

[14] Articolo così sostituito con l'art. 1, comma 1, della legge costituzionale 29 ottobre 1993, n. 3.

Sezione II

La formazione delle leggi

Art. 70.

La funzione legislativa è esercitata collettivamente dalle due Camere.

Art. 71.

L'iniziativa delle leggi appartiene al Governo, a ciascun membro delle Camere ed agli organi ed enti ai quali sia conferita da legge costituzionale.

Il popolo esercita l'iniziativa delle leggi, mediante la proposta, da parte di almeno cinquantamila elettori, di un progetto redatto in articoli.

Art. 72.

Ogni disegno di legge, presentato ad una Camera è, secondo le norme del suo regolamento, esaminato da una commissione e poi dalla Camera stessa, che l'approva articolo per articolo e con votazione finale.

Il regolamento stabilisce procedimenti abbreviati per i disegni di legge dei quali è dichiarata l'urgenza.

Può altresì stabilire in quali casi e forme l'esame e l'approvazione dei disegni di legge sono deferiti a commissioni, anche permanenti, composte in modo da rispecchiare la proporzione dei gruppi parlamentari. Anche in tali casi, fino al momento della sua approvazione definitiva, il disegno di legge è rimesso alla Camera, se il Governo o un decimo dei componenti della Camera o un quinto della commissione richiedono che sia discusso e votato dalla Camera stessa oppure che sia sottoposto alla sua approvazione finale con sole dichiarazioni di voto. Il regolamento determina le forme di pubblicità dei lavori delle commissioni.

La procedura normale di esame e di approvazione diretta da parte della Camera è sempre adottata per i disegni di legge in materia costituzionale ed elettorale e per quelli di delegazione legislativa, di autorizzazione a ratificare trattati internazionali, di approvazione di bilanci e consuntivi.

Art. 73.

Le leggi sono promulgate dal Presidente della Repubblica entro un mese dall'approvazione.

Se le Camere, ciascuna a maggioranza assoluta dei propri componenti, ne dichiarano l'urgenza, la legge è promulgata nel termine da essa stabilito.

Le leggi sono pubblicate subito dopo la promulgazione ed entrano in vigore il quindicesimo giorno successivo alla loro pubblicazione, salvo che le leggi stesse stabiliscano un termine diverso.

Art. 74.

Il Presidente della Repubblica, prima di promulgare la legge, può con messaggio motivato alle Camere chiedere una nuova deliberazione.

Se le Camere approvano nuovamente la legge, questa deve essere promulgata.

Art. 75.

È indetto *referendum* popolare per deliberare l'abrogazione, totale o parziale, di una legge o di un atto avente valore di legge, quando lo richiedono cinquecentomila elettori o cinque Consigli regionali.

Non è ammesso il *referendum* per le leggi tributarie e di bilancio, di amnistia e di indulto, di autorizzazione a ratificare trattati internazionali.

Hanno diritto di partecipare al *referendum* tutti i cittadini chiamati ad eleggere la Camera dei deputati.

La proposta soggetta a *referendum* è approvata se ha partecipato alla votazione la maggioranza degli aventi diritto, e se è raggiunta la maggioranza dei voti validamente espressi.

La legge determina le modalità di attuazione del *referendum*.

Art. 76.

L'esercizio della funzione legislativa non può essere delegato al Governo se non con determinazione di principî e criteri direttivi e soltanto per tempo limitato e per oggetti definiti.

Art. 77.

Il Governo non può, senza delegazione delle Camere, emanare decreti che abbiano valore di legge ordinaria.

Quando, in casi straordinari di necessità e d'urgenza, il Governo adotta, sotto la sua responsabilità, provvedimenti provvisori con forza di legge, deve il giorno stesso presentarli per la conversione alle Camere che, anche se sciolte, sono appositamente convocate e si riuniscono entro cinque giorni.

I decreti perdono efficacia sin dall'inizio, se non sono convertiti in legge entro sessanta giorni dalla loro pubblicazione. Le Camere possono tuttavia regolare con legge i rapporti giuridici sorti sulla base dei decreti non convertiti.

Art. 78.

Le Camere deliberano lo stato di guerra e conferiscono al Governo i poteri necessari.

Art. 79.

L'amnistia e l'indulto sono concessi con legge deliberata a maggioranza dei due terzi dei componenti di ciascuna Camera, in ogni suo articolo e nella votazione finale.

La legge che concede l'amnistia o l'indulto stabilisce il termine per la loro applicazione.

In ogni caso l'amnistia e l'indulto non possono applicarsi ai reati commessi successivamente alla presentazione del disegno di legge[15].

Art. 80.

Le Camere autorizzano con legge la ratifica dei trattati internazionali che sono di natura politica, o prevedono arbitrati o regolamenti giudiziari, o importano variazioni del territorio od oneri alle finanze o modificazioni di leggi.

Art. 81.

Lo Stato assicura l'equilibrio tra le entrate e le spese del proprio bilancio, tenendo conto delle fasi avverse e delle fasi favorevoli del ciclo economico.

Il ricorso all'indebitamento è consentito solo al fine di considerare gli effetti del ciclo economico e, previa autorizzazione delle Camere adottata a maggioranza assoluta dei rispettivi componenti, al verificarsi di eventi eccezionali.

Ogni legge che importi nuovi o maggiori oneri provvede ai mezzi per farvi fronte.

Le Camere ogni anno approvano con legge il bilancio e il rendiconto consuntivo presentati dal Governo.

L'esercizio provvisorio del bilancio non può essere concesso se non per legge e per periodi non superiori complessivamente a quattro mesi.

Il contenuto della legge di bilancio, le norme fondamentali e i criteri volti ad assicurare l'equilibrio tra le entrate e le spese dei bilanci e la sostenibilità del debito del complesso delle

---

[15] Articolo così sostituito con l'art. 1, comma 1, della legge costituzionale 6 marzo 1992, n. 1.

pubbliche amministrazioni sono stabiliti con legge approvata a maggioranza assoluta dei componenti di ciascuna Camera, nel rispetto dei principi definiti con legge costituzionale[16] [17].

---

[16] Articolo così sostituito con l'art. 1, comma 1, della legge costituzionale 20 aprile 2012, n. 1. Le disposizioni di cui alla citata legge costituzionale si applicano, ai sensi di quanto prescritto dal comma 1 dell'art. 6 della stessa, a decorrere dall'esercizio finanziario relativo all'anno 2014.

[17] L'art. 5 della legge costituzionale 20 aprile 2012, n. 1 prevede quanto segue: «1. La legge di cui all'articolo 81, sesto comma, della Costituzione, come sostituito dall'articolo 1 della presente legge costituzionale, disciplina, per il complesso delle pubbliche amministrazioni, in particolare:

a) le verifiche, preventive e consuntive, sugli andamenti di finanza pubblica;

b) l'accertamento delle cause degli scostamenti rispetto alle previsioni, distinguendo tra quelli dovuti all'andamento del ciclo economico, all'inefficacia degli interventi e agli eventi eccezionali;

c) il limite massimo degli scostamenti negativi cumulati di cui alla lettera b) del presente comma corretti per il ciclo economico rispetto al prodotto interno lordo, al superamento del quale occorre intervenire con misure di correzione;

d) la definizione delle gravi recessioni economiche, delle crisi finanziarie e delle gravi calamità naturali quali eventi eccezionali, ai sensi dell'articolo 81, secondo comma, della Costituzione, come sostituito dall'articolo 1 della presente legge costituzionale, al verificarsi dei quali sono consentiti il ricorso all'indebitamento non limitato a tenere conto degli effetti del ciclo economico e il superamento del limite massimo di cui alla lettera c) del presente comma sulla base di un piano di rientro;

e) l'introduzione di regole sulla spesa che consentano di salvaguardare gli equilibri di bilancio e la riduzione del rapporto tra debito pubblico e prodotto interno lordo nel lungo periodo, in coerenza con gli obiettivi di finanza pubblica;

f) l'istituzione presso le Camere, nel rispetto della relativa autonomia costituzionale, di un organismo indipendente al quale attribuire compiti di analisi e verifica degli andamenti di finanza pubblica e di valutazione dell'osservanza delle regole di bilancio;

g) le modalità attraverso le quali lo Stato, nelle fasi avverse

Art. 82.

Ciascuna Camera può disporre inchieste su materie di pubblico interesse.

A tale scopo nomina fra i propri componenti una commissione formata in modo da rispecchiare la proporzione dei vari gruppi. La commissione di inchiesta procede alle indagini e agli esami con gli stessi poteri e le stesse limitazioni dell'autorità giudiziaria.

---

del ciclo economico o al verificarsi degli eventi eccezionali di cui alla lettera d) del presente comma, anche in deroga all'articolo 119 della Costituzione, concorre ad assicurare il finanziamento, da parte degli altri livelli di governo, dei livelli essenziali delle prestazioni e delle funzioni fondamentali inerenti ai diritti civili e sociali.

2. La legge di cui al comma 1 disciplina altresì:

a) il contenuto della legge di bilancio dello Stato;

b) la facoltà dei Comuni, delle Province, delle Città metropolitane, delle Regioni e delle Province autonome di Trento e di Bolzano di ricorrere all'indebitamento, ai sensi dell'articolo 119, sesto comma, secondo periodo, della Costituzione, come modificato dall'articolo 4 della presente legge costituzionale;

c) le modalità attraverso le quali i Comuni, le Province, le Città metropolitane, le Regioni e le Province autonome di Trento e di Bolzano concorrono alla sostenibilità del debito del complesso delle pubbliche amministrazioni.

3. La legge di cui ai commi 1 e 2 è approvata entro il 28 febbraio 2013.

4. Le Camere, secondo modalità stabilite dai rispettivi regolamenti, esercitano la funzione di controllo sulla finanza pubblica con particolare riferimento all'equilibrio tra entrate e spese nonché alla qualità e all'efficacia della spesa delle pubbliche amministrazioni».

TITOLO II
Il Presidente della Repubblica

Art. 83.

Il Presidente della Repubblica è eletto dal Parlamento in seduta comune dei suoi membri.

All'elezione partecipano tre delegati per ogni Regione eletti dal Consiglio regionale in modo che sia assicurata la rappresentanza delle minoranze. La Valle d'Aosta ha un solo delegato.

L'elezione del Presidente della Repubblica ha luogo per scrutinio segreto a maggioranza di due terzi dell'assemblea. Dopo il terzo scrutinio è sufficiente la maggioranza assoluta.

Art. 84.

Può essere eletto Presidente della Repubblica ogni cittadino che abbia compiuto cinquanta anni d'età e goda dei diritti civili e politici.

L'ufficio di Presidente della Repubblica è incompatibile con qualsiasi altra carica.

L'assegno e la dotazione del Presidente sono determinati per legge.

Art. 85.

Il Presidente della Repubblica è eletto per sette anni.

Trenta giorni prima che scada il termine, il Presidente della Camera dei deputati convoca in seduta comune il Parlamento e i delegati regionali, per eleggere il nuovo Presidente della Repubblica.

Se le Camere sono sciolte, o manca meno di tre mesi alla loro cessazione, la elezione ha luogo entro quindici giorni dalla riunione delle Camere nuove. Nel frattempo sono prorogati i poteri del Presidente in carica.

Art. 86.

Le funzioni del Presidente della Repubblica, in ogni caso che egli non possa adempierle, sono esercitate dal Presidente del Senato.

In caso di impedimento permanente o di morte o di dimissioni del Presidente della Repubblica, il Presidente della Camera dei deputati indice la elezione del nuovo Presidente della Repubblica entro quindici giorni, salvo il maggior termine previsto se le Camere sono sciolte o manca meno di tre mesi alla loro cessazione.

Art. 87.

Il Presidente della Repubblica è il capo dello Stato e rappresenta l'unità nazionale.

Può inviare messaggi alle Camere.

Indice le elezioni delle nuove Camere e ne fissa la prima riunione. Autorizza la presentazione alle Camere dei disegni di legge di iniziativa del Governo.

Promulga le leggi ed emana i decreti aventi valore di legge e i regolamenti. Indice il *referendum* popolare nei casi previsti dalla Costituzione.

Nomina, nei casi indicati dalla legge, i funzionari dello Stato.

Accredita e riceve i rappresentanti diplomatici, ratifica i trattati internazionali, previa, quando occorra, l'autorizzazione delle Camere.

Ha il comando delle Forze armate, presiede il Consiglio supremo di difesa costituito secondo la legge, dichiara lo stato di guerra deliberato dalle Camere.

Presiede il Consiglio superiore della magistratura. Può concedere grazia e commutare le pene.

Conferisce le onorificenze della Repubblica.

Art. 88.

Il Presidente della Repubblica può, sentiti i loro Presidenti, sciogliere le Camere o anche una sola di esse.

Non può esercitare tale facoltà negli ultimi sei mesi del suo mandato, salvo che essi coincidano in tutto o in parte con gli ultimi sei mesi della legislatura[18].

Art. 89.

Nessun atto del Presidente della Repubblica è valido se non è controfirmato dai ministri proponenti, che ne assumono la responsabilità.

Gli atti che hanno valore legislativo e gli altri indicati dalla legge sono controfirmati anche dal Presidente del Consiglio dei ministri.

Art. 90.

Il Presidente della Repubblica non è responsabile degli atti compiuti nell'esercizio delle sue funzioni, tranne che per alto tradimento o per attentato alla Costituzione.

In tali casi è messo in stato di accusa dal Parlamento in seduta comune, a maggioranza assoluta dei suoi membri.

Art. 91.

Il Presidente della Repubblica, prima di assumere le sue funzioni, presta giuramento di fedeltà alla Repubblica e di osservanza della Costituzione dinanzi al Parlamento in seduta comune.

---

[18] Comma così sostituito con l'art. 1, comma 1, della legge costituzionale 4 novembre 1991, n. 1.

Titolo III
Il Governo

Sezione I
Il Consiglio dei ministri

Art. 92.

Il Governo della Repubblica è composto del Presidente del Consiglio e dei ministri, che costituiscono insieme il Consiglio dei ministri.

Il Presidente della Repubblica nomina il Presidente del Consiglio dei ministri e, su proposta di questo, i ministri.

Art. 93.

Il Presidente del Consiglio dei ministri e i ministri, prima di assumere le funzioni, prestano giuramento nelle mani del Presidente della Repubblica.

Art. 94.

Il Governo deve avere la fiducia delle due Camere.

Ciascuna Camera accorda o revoca la fiducia mediante mozione motivata e votata per appello nominale.

Entro dieci giorni dalla sua formazione il Governo si presenta alle Camere per ottenerne la fiducia.

Il voto contrario di una o d'entrambe le Camere su una proposta del Governo non importa obbligo di dimissioni.

La mozione di sfiducia deve essere firmata da almeno un decimo dei componenti della Camera e non può essere messa in discussione prima di tre giorni dalla sua presentazione.

Art. 95.

Il Presidente del Consiglio dei ministri dirige la politica generale del Governo e ne è responsabile. Mantiene l'unità di indirizzo politico ed amministrativo, promovendo e coordinando l'attività dei ministri.

I ministri sono responsabili collegialmente degli atti del Consiglio dei ministri, e individualmente degli atti dei loro dicasteri.

La legge provvede all'ordinamento della Presidenza del Consiglio e determina il numero, le attribuzioni e l'organizzazione dei ministeri.

Art. 96[19].

Il Presidente del Consiglio dei ministri ed i ministri, anche se cessati dalla carica, sono sottoposti, per i reati commessi nell'esercizio delle loro funzioni, alla giurisdizione ordinaria, previa autorizzazione del Senato della Repubblica o della Camera dei deputati, secondo le norme stabilite con legge costituzionale.

SEZIONE II
LA PUBBLICA AMMINISTRAZIONE

Art. 97.

Le pubbliche amministrazioni, in coerenza con l'ordinamento dell'Unione europea, assicurano l'equilibrio dei bilanci e la sostenibilità del debito pubblico[20].

I pubblici uffici sono organizzati secondo disposizioni di legge, in modo che siano assicurati il buon andamento e

---

[19] Articolo così sostituito con l'art. 1, comma 1, della legge costituzionale 16 gennaio 1989, n. 1.

[20] Comma introdotto con l'art. 2, comma 1, della legge costituzionale 20 aprile 2012, n. 1.

l'imparzialità dell'amministrazione.

Nell'ordinamento degli uffici sono determinate le sfere di competenza, le attribuzioni e le responsabilità proprie dei funzionari.

Agli impieghi nelle pubbliche amministrazioni si accede mediante concorso, salvo i casi stabiliti dalla legge.

Art. 98.

I pubblici impiegati sono al servizio esclusivo della Nazione.

Se sono membri del Parlamento, non possono conseguire promozioni se non per anzianità.

Si possono con legge stabilire limitazioni al diritto d'iscriversi ai partiti politici per i magistrati, i militari di carriera in servizio attivo, i funzionari ed agenti di polizia, i rappresentanti diplomatici e consolari all'estero.

SEZIONE III

GLI ORGANI AUSILIARI

Art. 99.

Il Consiglio nazionale dell'economia e del lavoro è composto, nei modi stabiliti dalla legge, di esperti e di rappresentanti delle categorie produttive, in misura che tenga conto della loro importanza numerica e qualitativa.

È organo di consulenza delle Camere e del Governo per le materie e secondo le funzioni che gli sono attribuite dalla legge.

Ha l'iniziativa legislativa e può contribuire alla elaborazione della legislazione economica e sociale secondo i principî ed entro i limiti stabiliti dalla legge.

Art. 100.

Il Consiglio di Stato è organo di consulenza giuridico-amministrativa e di tutela della giustizia nell'amministrazione.

La Corte dei conti esercita il controllo preventivo di legittimità sugli atti del Governo, e anche quello successivo sulla gestione del bilancio dello Stato. Partecipa, nei casi e nelle forme stabiliti dalla legge, al controllo sulla gestione finanziaria degli enti a cui lo Stato contribuisce in via ordinaria. Riferisce direttamente alle Camere sul risultato del riscontro eseguito.

La legge assicura l'indipendenza dei due Istituti e dei loro componenti di fronte al Governo.

Titolo IV
La Magistratura

Sezione I
Ordinamento giurisdizionale

Art. 101.

La giustizia è amministrata in nome del popolo. I giudici sono soggetti soltanto alla legge.

Art. 102.

La funzione giurisdizionale è esercitata da magistrati ordinari istituiti e regolati dalle norme sull'ordinamento giudiziario.

Non possono essere istituiti giudici straordinari o giudici speciali. Possono soltanto istituirsi presso gli organi giudiziari ordinari sezioni specializzate per determinate materie, anche con la partecipazione di cittadini idonei estranei alla magistratura.

La legge regola i casi e le forme della partecipazione diretta del popolo all'amministrazione della giustizia.

Art. 103.

Il Consiglio di Stato e gli altri organi di giustizia amministrativa hanno giurisdizione per la tutela nei confronti della pubblica amministrazione degli interessi legittimi e, in particolari materie indicate dalla legge, anche dei diritti soggettivi.

La Corte dei conti ha giurisdizione nelle materie di contabilità pubblica e nelle altre specificate dalla legge.

I tribunali militari in tempo di guerra hanno la giurisdizione stabilita dalla legge. In tempo di pace hanno giurisdizione soltanto per i reati militari commessi da appartenenti alle Forze armate.

Art. 104.

La magistratura costituisce un ordine autonomo e indipendente da ogni altro potere.

Il Consiglio superiore della magistratura è presieduto dal Presidente della Repubblica.

Ne fanno parte di diritto il primo presidente e il procuratore generale della Corte di cassazione.

Gli altri componenti sono eletti per due terzi da tutti i magistrati ordinari tra gli appartenenti alle varie categorie, e per un terzo dal Parlamento in seduta comune tra professori ordinari di università in materie giuridiche ed avvocati dopo quindici anni di esercizio.

Il Consiglio elegge un vice presidente fra i componenti designati dal Parlamento.

I membri elettivi del Consiglio durano in carica quattro anni e non sono immediatamente rieleggibili.

Non possono, finché sono in carica, essere iscritti negli albi professionali, né far parte del Parlamento o di un Consiglio regionale.

Art. 105.

Spettano al Consiglio superiore della magistratura, secondo le norme dell'ordinamento giudiziario, le assunzioni, le assegnazioni ed i trasferimenti, le promozioni e i provvedimenti disciplinari nei riguardi dei magistrati.

Art. 106.

Le nomine dei magistrati hanno luogo per concorso.

La legge sull'ordinamento giudiziario può ammettere la nomina, anche elettiva, di magistrati onorari per tutte le funzioni attribuite a giudici singoli.

Su designazione del Consiglio superiore della magistratura possono essere chiamati all'ufficio di consiglieri di cassazione, per meriti insigni, professori ordinari di università in materie giuridiche e avvocati che abbiano quindici anni d'esercizio e siano iscritti negli albi speciali per le giurisdizioni superiori.

Art. 107.

I magistrati sono inamovibili. Non possono essere dispensati o sospesi dal servizio né destinati ad altre sedi o funzioni se non in seguito a decisione del Consiglio superiore della magistratura, adottata o per i motivi e con le garanzie di difesa stabilite dall'ordinamento giudiziario o con il loro consenso.

Il Ministro della giustizia ha facoltà di promuovere l'azione disciplinare. I magistrati si distinguono fra loro soltanto per diversità di funzioni.

Il pubblico ministero gode delle garanzie stabilite nei suoi riguardi dalle norme sull'ordinamento giudiziario.

Art. 108.

Le norme sull'ordinamento giudiziario e su ogni magistratura sono stabilite con legge.

La legge assicura l'indipendenza dei giudici delle giurisdizioni speciali, del pubblico ministero presso di esse, e degli estranei che partecipano all'amministrazione della giustizia.

Art. 109.

L'autorità giudiziaria dispone direttamente della polizia giudiziaria.

Art. 110.

Ferme le competenze del Consiglio superiore della magistratura, spettano al Ministro della giustizia l'organizzazione e il funzionamento dei servizi relativi alla giustizia.

Sezione II
Norme sulla giurisdizione

Art. 111[21].

La giurisdizione si attua mediante il giusto processo regolato dalla legge.

Ogni processo si svolge nel contraddittorio tra le parti, in condizioni di parità, davanti a giudice terzo e imparziale. La legge ne assicura la ragionevole durata.

Nel processo penale, la legge assicura che la persona accusata di un reato sia, nel più breve tempo possibile, informata riservatamente della natura e dei motivi dell'accusa elevata a suo carico; disponga del tempo e delle condizioni necessari per preparare la sua difesa; abbia la facoltà, davanti al giudice, di interrogare o di far interrogare le persone che rendono dichiarazioni a suo carico, di ottenere la convocazione e l'interrogatorio di persone a sua difesa nelle stesse condizioni dell'accusa e l'acquisizione di ogni altro mezzo di prova a suo favore; sia assistita da un interprete se non comprende o non parla la lingua impiegata nel processo.

Il processo penale è regolato dal principio del contraddittorio nella formazione della prova. La colpevolezza dell'imputato non può essere provata sulla base di dichiarazioni rese da chi, per libera scelta, si è sempre volontariamente sottratto all'interrogatorio da parte dell'imputato o del suo difensore.

La legge regola i casi in cui la formazione della prova non ha luogo in contraddittorio per consenso dell'imputato o per accertata impossibilità di natura oggettiva o per effetto di provata condotta illecita.

Tutti i provvedimenti giurisdizionali devono essere motivati.

Contro le sentenze e contro i provvedimenti sulla libertà

---

21 I primi cinque commi sono stati introdotti con l'art. 1, comma 1, della legge costituzionale 23 novembre 1999, n. 2.

personale, pronunciati dagli organi giurisdizionali ordinari o speciali, è sempre ammesso ricorso in Cassazione per violazione di legge. Si può derogare a tale norma soltanto per le sentenze dei tribunali militari in tempo di guerra.

Contro le decisioni del Consiglio di Stato e della Corte dei conti il ricorso in Cassazione è ammesso per i soli motivi inerenti alla giurisdizione.

Art. 112.

Il pubblico ministero ha l'obbligo di esercitare l'azione penale.

Art. 113.

Contro gli atti della pubblica amministrazione è sempre ammessa la tutela giurisdizionale dei diritti e degli interessi legittimi dinanzi agli organi di giurisdizione ordinaria o amministrativa.

Tale tutela giurisdizionale non può essere esclusa o limitata a particolari mezzi di impugnazione o per determinate categorie di atti.

La legge determina quali organi di giurisdizione possono annullare gli atti della pubblica amministrazione nei casi e con gli effetti previsti dalla legge stessa.

Titolo V[22]

Le Regioni, le Province, i Comuni

Art. 114[23].

La Repubblica è costituita dai Comuni, dalle Province, dalle Città metropolitane, dalle Regioni e dallo Stato.

I Comuni, le Province, le Città metropolitane e le Regioni sono enti autonomi con propri statuti, poteri e funzioni secondo i princìpî fissati dalla Costituzione.

Roma è la capitale della Repubblica. La legge dello Stato disciplina il suo ordinamento.

---

[22] L'intero titolo V è stato modificato con la legge costituzionale 18 ottobre 2001, n. 3, la quale, agli artt. 10 e 11, ha anche stabilito:

«Art. 10. - 1. Sino all'adeguamento dei rispettivi statuti, le disposizioni della presente legge costituzionale si applicano anche alle Regioni a statuto speciale ed alle province autonome di Trento e di Bolzano per le parti in cui prevedono forme di autonomia più ampie rispetto a quelle già attribuite».

«Art. 11. - 1. Sino alla revisione delle norme del titolo I della parte seconda della Costituzione, i regolamenti della Camera dei deputati e del Senato della Repubblica possono prevedere la partecipazione di rappresentanti delle Regioni, delle Province autonome e degli enti locali alla Commissione parlamentare per le questioni regionali.

2. Quando un progetto di legge riguardante le materie di cui al terzo comma dell'articolo 117 e all'articolo 119 della Costituzione contenga disposizioni sulle quali la Commissione parlamentare per le questioni regionali, integrata ai sensi del comma 1, abbia espresso parere contrario o parere favorevole condizionato all'introduzione di modificazioni specificamente formulate, e la Commissione che ha svolto l'esame in sede referente non vi si sia adeguata, sulle corrispondenti parti del progetto di legge l'Assemblea delibera a maggioranza assoluta dei suoi componenti».

[23] Articolo così sostituito con l'art. 1, comma 1, della legge costituzionale 18 ottobre 2001, n. 3.

Art. 115.

[Abrogato con l'articolo 9, comma 2, della legge costituzionale 18 ottobre 2001, n. 3]

Art. 116[24].

Il Friuli-Venezia Giulia, la Sardegna, la Sicilia, il Trentino-Alto Adige/Südtirol e la Valle d'Aosta/Vallée d'Aoste dispongono di forme e condizioni particolari di autonomia, secondo i rispettivi statuti speciali adottati con legge costituzionale.

La Regione Trentino-Alto Adige/Südtirol è costituita dalle Province autonome di Trento e di Bolzano.

Ulteriori forme e condizioni particolari di autonomia, concernenti le materie di cui al terzo comma dell'articolo 117 e le materie indicate dal secondo comma del medesimo articolo alle lettere *l)*, limitatamente all'organizzazione della giustizia di pace, *n)* e *s)*, possono essere attribuite ad altre Regioni, con legge dello Stato, su iniziativa della Regione interessata, sentiti gli enti locali, nel rispetto dei principî di cui all'articolo 119. La legge è approvata dalle Camere a maggioranza assoluta dei componenti, sulla base di intesa fra lo Stato e la Regione interessata.

Art. 117[25].

La potestà legislativa è esercitata dallo Stato e dalle Regioni nel rispetto della Costituzione, nonché dei vincoli derivanti dall'ordinamento comunitario e dagli obblighi internazionali.

Lo Stato ha legislazione esclusiva nelle seguenti materie:

a) politica estera e rapporti internazionali dello Stato; rapporti dello Stato con l'Unione europea; diritto di asilo e condizione

---

[24] Articolo così sostituito con l'art. 2, comma 1, della legge costituzionale 18 ottobre 2001, n. 3.

[25] Articolo così sostituito con l'art. 3, comma 1, della legge costituzionale 18 ottobre 2001, n. 3.

giuridica dei cittadini di Stati non appartenenti all'Unione europea;

b) immigrazione;

c) rapporti tra la Repubblica e le confessioni religiose;

d) difesa e Forze armate; sicurezza dello Stato; armi, munizioni ed esplosivi;

e) moneta, tutela del risparmio e mercati finanziari; tutela della concorrenza; sistema valutario; sistema tributario e contabile dello Stato; armonizzazione dei bilanci pubblici[26]; perequazione delle risorse finanziarie;

f) organi dello Stato e relative leggi elettorali; *referendum* statali; elezione del Parlamento europeo;

g) ordinamento e organizzazione amministrativa dello Stato e degli enti pubblici nazionali;

h) ordine pubblico e sicurezza, ad esclusione della polizia amministrativa locale;

i) cittadinanza, stato civile e anagrafi;

l) giurisdizione e norme processuali; ordinamento civile e penale; giustizia amministrativa;

m) determinazione dei livelli essenziali delle prestazioni concernenti i diritti civili e sociali che devono essere garantiti su tutto il territorio nazionale;

n) norme generali sull'istruzione;

o) previdenza sociale;

p) legislazione elettorale, organi di governo e funzioni fondamentali di Comuni, Province e Città metropolitane;

q) dogane, protezione dei confini nazionali e profilassi internazionale;

r) pesi, misure e determinazione del tempo; coordinamento

---

[26] Le parole «armonizzazione dei bilanci pubblici;» sono state qui inserite con l'art. 3, comma 1, lettera a) della legge costituzionale 20 aprile 2012, n. 1.

informativo statistico e informatico dei dati dell'amministrazione statale, regionale e locale; opere dell'ingegno;

s) tutela dell'ambiente, dell'ecosistema e dei beni culturali.

Sono materie di legislazione concorrente quelle relative a: rapporti internazionali e con l'Unione europea delle Regioni; commercio con l'estero; tutela e sicurezza del lavoro; istruzione, salva l'autonomia delle istituzioni scolastiche e con esclusione della istruzione e della formazione professionale; professioni; ricerca scientifica e tecnologica e sostegno all'innovazione per i settori produttivi; tutela della salute; alimentazione; ordinamento sportivo; protezione civile; governo del territorio; porti e aeroporti civili; grandi reti di trasporto e di navigazione; ordinamento della comunicazione; produzione, trasporto e distribuzione nazionale dell'energia; previdenza complementare e integrativa;[27] coordinamento della finanza pubblica e del sistema tributario; valorizzazione dei beni culturali e ambientali e promozione e organizzazione di attività culturali; casse di risparmio, casse rurali, aziende di credito a carattere regionale; enti di credito fondiario e agrario a carattere regionale. Nelle materie di legislazione concorrente spetta alle Regioni la potestà legislativa, salvo che per la determinazione dei princìpî fondamentali, riservata alla legislazione dello Stato.

Spetta alle Regioni la potestà legislativa in riferimento ad ogni materia non espressamente riservata alla legislazione dello Stato.

Le Regioni e le Province autonome di Trento e di Bolzano, nelle materie di loro competenza, partecipano alle decisioni dirette alla formazione degli atti normativi comunitari e provvedono all'attuazione e all'esecuzione degli accordi internazionali e degli atti dell'Unione europea, nel rispetto delle

---

[27] Le parole «armonizzazione dei bilanci pubblici e» sono state soppresse con l'art. 3, comma 1, lettera a) della legge costituzionale 20 aprile 2012, n. 1.

norme di procedura stabilite da legge dello Stato, che disciplina le modalità di esercizio del potere sostitutivo in caso di inadempienza.

La potestà regolamentare spetta allo Stato nelle materie di legislazione esclusiva, salva delega alle Regioni. La potestà regolamentare spetta alle Regioni in ogni altra materia. I Comuni, le Province e le Città metropolitane hanno potestà regolamentare in ordine alla disciplina dell'organizzazione e dello svolgimento delle funzioni loro attribuite.

Le leggi regionali rimuovono ogni ostacolo che impedisce la piena parità degli uomini e delle donne nella vita sociale, culturale ed economica e promuovono la parità di accesso tra donne e uomini alle cariche elettive.

La legge regionale ratifica le intese della Regione con altre Regioni per il migliore esercizio delle proprie funzioni, anche con individuazione di organi comuni.

Nelle materie di sua competenza la Regione può concludere accordi con Stati e intese con enti territoriali interni ad altro Stato, nei casi e con le forme disciplinati da leggi dello Stato.

Art. 118[28].

Le funzioni amministrative sono attribuite ai Comuni salvo che, per assicurarne l'esercizio unitario, siano conferite a Province, Città metropolitane, Regioni e Stato, sulla base dei princìpî di sussidiarietà, differenziazione ed adeguatezza.

I Comuni, le Province e le Città metropolitane sono titolari di funzioni amministrative proprie e di quelle conferite con legge statale o regionale, secondo le rispettive competenze.

La legge statale disciplina forme di coordinamento fra Stato e Regioni nelle materie di cui alle lettere *b)* e *h)* del secondo comma dell'articolo 117, e disciplina inoltre forme di intesa e

---

28 Articolo così sostituito con l'art. 4, comma 1, della legge costituzionale 18 ottobre 2001, n. 3.

coordinamento nella materia della tutela dei beni culturali.

Stato, Regioni, Città metropolitane, Province e Comuni favoriscono l'autonoma iniziativa dei cittadini, singoli e associati, per lo svolgimento di attività di interesse generale, sulla base del principio di sussidiarietà.

Art. 119[29].

I Comuni, le Province, le Città metropolitane e le Regioni hanno autonomia finanziaria di entrata e di spesa, nel rispetto dell'equilibrio dei relativi bilanci, e concorrono ad assicurare l'osservanza dei vincoli economici e finanziari derivanti dall'ordinamento dell'Unione europea[30].

I Comuni, le Province, le Città metropolitane e le Regioni hanno risorse autonome. Stabiliscono e applicano tributi ed entrate propri, in armonia con la Costituzione e secondo i principî di coordinamento della finanza pubblica e del sistema tributario. Dispongono di compartecipazioni al gettito di tributi erariali riferibile al loro territorio.

La legge dello Stato istituisce un fondo perequativo, senza vincoli di destinazione, per i territori con minore capacità fiscale per abitante.

Le risorse derivanti dalle fonti di cui ai commi precedenti consentono ai Comuni, alle Province, alle Città metropolitane e alle Regioni di finanziare integralmente le funzioni pubbliche loro attribuite.

Per promuovere lo sviluppo economico, la coesione e la solidarietà sociale, per rimuovere gli squilibri economici e

---

[29] Articolo così sostituito con l'art. 5, comma 1, della legge costituzionale 18 ottobre 2001, n. 3.

[30] Le parole «, nel rispetto dell'equilibrio dei relativi bilanci, e concorrono ad assicurare l'osservanza dei vincoli economici e finanziari derivanti dall'ordinamento dell'Unione europea» sono state aggiunte con l'art. 4, comma 1, lettera *a)*, della legge costituzionale 20 aprile 2012, n. 1.

sociali, per favorire l'effettivo esercizio dei diritti della persona, o per provvedere a scopi diversi dal normale esercizio delle loro funzioni, lo Stato destina risorse aggiuntive ed effettua interventi speciali in favore di determinati Comuni, Province, Città metropolitane e Regioni.

La Repubblica riconosce le peculiarità delle Isole e promuove le misure necessarie a rimuovere gli svantaggi derivanti dall'insularità[31].

I Comuni, le Province, le Città metropolitane e le Regioni hanno un proprio patrimonio, attribuito secondo i princìpi generali determinati dalla legge dello Stato. Possono ricorrere all'indebitamento solo per finanziare spese di investimento, con la contestuale definizione di piani di ammortamento e a condizione che per il complesso degli enti di ciascuna Regione sia rispettato l'equilibrio di bilancio[32]. È esclusa ogni garanzia dello Stato sui prestiti dagli stessi contratti.

Art. 120[33].

La Regione non può istituire dazi di importazione o esportazione o transito tra le Regioni, né adottare provvedimenti che ostacolino in qualsiasi modo la libera circolazione delle persone e delle cose tra le Regioni, né limitare l'esercizio del diritto al lavoro in qualunque parte del territorio nazionale.

Il Governo può sostituirsi a organi delle Regioni, delle Città metropolitane, delle Province e dei Comuni nel caso di mancato rispetto di norme e trattati internazionali o della

---

[31] Comma inserito con l'art. 1, comma 1, della legge costituzionale 7 novembre 2022, n. 2.

[32] Le parole «, con la contestuale definizione di piani di ammortamento e a condizione che per il complesso degli enti di ciascuna Regione sia rispettato l'equilibrio di bilancio» sono state aggiunte con l'art. 4, comma 1, lettera *b)*, della legge costituzionale 20 aprile 2012, n. 1.

[33] Articolo così sostituito con l'art. 6, comma 1, della legge costituzionale 18 ottobre 2001, n. 3.

normativa comunitaria oppure di pericolo grave per l'incolumità e la sicurezza pubblica, ovvero quando lo richiedono la tutela dell'unità giuridica o dell'unità economica e in particolare la tutela dei livelli essenziali delle prestazioni concernenti i diritti civili e sociali, prescindendo dai confini territoriali dei governi locali. La legge definisce le procedure atte a garantire che i poteri sostitutivi siano esercitati nel rispetto del principio di sussidiarietà e del principio di leale collaborazione.

Art. 121.

Sono organi della Regione: il Consiglio regionale, la Giunta e il suo Presidente.

Il Consiglio regionale esercita le potestà legislative[34] attribuite alla Regione e le altre funzioni conferitegli dalla Costituzione e dalle leggi. Può fare proposte di legge alle Camere.

La Giunta regionale è l'organo esecutivo delle Regioni.

Il Presidente della Giunta rappresenta la Regione; dirige la politica della Giunta e ne è responsabile; promulga le leggi ed emana i regolamenti regionali; dirige le funzioni amministrative delegate dallo Stato alla Regione, conformandosi alle istruzioni del Governo della Repubblica[35].

Art. 122.

Il sistema di elezione e i casi di ineleggibilità e di incompatibilità del Presidente e degli altri componenti della Giunta regionale nonché dei consiglieri regionali sono disciplinati con legge della Regione nei limiti dei principi fondamentali stabiliti con legge della Repubblica, che stabilisce anche la durata

---

[34] Le parole «e regolamentari» sono state soppresse con l'art. 1, comma 1, lettera *a)*, della legge costituzionale 22 novembre 1999, n. 1.

[35] Comma così sostituito con l'art. 1, comma 1, lettera *b)*, della legge costituzionale 22 novembre 1999, n. 1.

degli organi elettivi.

Nessuno può appartenere contemporaneamente a un Consiglio o a una Giunta regionale e ad una delle Camere del Parlamento, ad un altro Consiglio o ad altra Giunta regionale, ovvero al Parlamento europeo.

Il Consiglio elegge tra i suoi componenti un Presidente e un ufficio di presidenza.

I consiglieri regionali non possono essere chiamati a rispondere delle opinioni espresse e dei voti dati nell'esercizio delle loro funzioni.

Il Presidente della Giunta regionale, salvo che lo statuto regionale disponga diversamente, è eletto a suffragio universale e diretto. Il Presidente eletto nomina e revoca i componenti della Giunta[36].

---

[36] Articolo così sostituito con l'art. 2, comma 1, della legge costituzionale 22 novembre 1999, n. 1. Con le disposizioni transitorie, la stessa legge costituzionale ha inoltre stabilito:

«Art. 5. - 1. Fino alla data di entrata in vigore dei nuovi statuti regionali e delle nuove leggi elettorali ai sensi del primo comma dell'articolo 122 della Costituzione, come sostituito dall'articolo 2 della presente legge costituzionale, l'elezione del Presidente della Giunta regionale è contestuale al rinnovo dei rispettivi Consigli regionali e si effettua con le modalità previste dalle disposizioni di legge ordinaria vigenti in materia di elezione dei Consigli regionali. Sono candidati alla Presidenza della Giunta regionale i capilista delle liste regionali. È proclamato eletto Presidente della Giunta regionale il candidato che ha conseguito il maggior numero di voti validi in ambito regionale. Il Presidente della Giunta regionale fa parte del Consiglio regionale. È eletto alla carica di consigliere il candidato alla carica di Presidente della Giunta regionale che ha conseguito un numero di voti validi immediatamente inferiore a quello del candidato proclamato eletto Presidente. L'Ufficio centrale regionale riserva, a tal fine, l'ultimo dei seggi eventualmente spettanti alle liste circoscrizionali collegate con il capolista della lista regionale proclamato alla carica di consigliere, nell'ipotesi prevista al numero 3) del tredicesimo comma dell'articolo 15 della legge 17 febbraio 1968, n. 108, introdotto dal comma 2 dell'articolo

Art. 123[37].

Ciascuna Regione ha uno statuto che, in armonia con la Costituzione, ne determina la forma di governo e i principi fondamentali di organizzazione e funzionamento. Lo statuto regola l'esercizio del diritto di iniziativa e del *referendum* su leggi e provvedimenti amministrativi della Regione e la pubblicazione delle leggi e dei regolamenti regionali.

Lo statuto è approvato e modificato dal Consiglio regionale con legge approvata a maggioranza assoluta dei suoi componenti, con due deliberazioni successive adottate ad intervallo non minore di due mesi. Per tale legge non è richiesta l'apposizione del visto da parte del Commissario del Governo. Il Governo della Repubblica può promuovere la questione di

---

3 della legge 23 febbraio 1995, n. 43; o, altrimenti, il seggio attribuito con il resto o con la cifra elettorale minore, tra quelli delle stesse liste, in sede di collegio unico regionale per la ripartizione dei seggi circoscrizionali residui. Qualora tutti i seggi spettanti alle liste collegate siano stati assegnati con quoziente intero in sede circoscrizionale, l'Ufficio centrale regionale procede all'attribuzione di un seggio aggiuntivo, del quale si deve tenere conto per la determinazione della conseguente quota percentuale di seggi spettanti alle liste di maggioranza in seno al Consiglio regionale.

2) Fino alla data di entrata in vigore dei nuovi statuti regionali si osservano le seguenti disposizioni:
a) entro dieci giorni dalla proclamazione, il Presidente della Giunta regionale nomina i componenti della Giunta, fra i quali un Vicepresidente, e può successivamente revocarli;
b) nel caso in cui il Consiglio regionale approvi a maggioranza assoluta una mozione motivata di sfiducia nei confronti del Presidente della Giunta regionale, presentata da almeno un quinto dei suoi componenti e messa in discussione non prima di tre giorni dalla presentazione, entro tre mesi si procede all'indizione di nuove elezioni del Consiglio e del Presidente della Giunta. Si procede parimenti a nuove elezioni del Consiglio e del Presidente della Giunta in caso di dimissioni volontarie, impedimento permanente o morte del Presidente».

[37] Articolo così sostituito con l'art. 3, comma 1, della legge costituzionale 22 novembre 1999, n. 1.

legittimità costituzionale sugli statuti regionali dinanzi alla Corte costituzionale entro trenta giorni dalla loro pubblicazione.

Lo statuto è sottoposto a *referendum* popolare qualora entro tre mesi dalla sua pubblicazione ne faccia richiesta un cinquantesimo degli elettori della Regione o un quinto dei componenti il Consiglio regionale. Lo statuto sottoposto a *referendum* non è promulgato se non è approvato dalla maggioranza dei voti validi.

In ogni Regione, lo statuto disciplina il Consiglio delle autonomie locali, quale organo di consultazione fra la Regione e gli enti locali[38].

Art. 124.

[Abrogato con l'articolo 9, comma 2, della legge costituzionale 18 ottobre 2001, n. 3]

Art. 125.

[Comma abrogato con l'articolo 9, comma 2, della legge costituzionale 18 ottobre 2001, n. 3]

Nella Regione sono istituiti organi di giustizia amministrativa di primo grado, secondo l'ordinamento stabilito da legge della Repubblica. Possono istituirsi sezioni con sede diversa dal capoluogo della Regione.

Art. 126[39].

Con decreto motivato del Presidente della Repubblica sono disposti lo scioglimento del Consiglio regionale e la rimozione

---

38 Comma introdotto con l'art. 7, comma 1, della legge costituzionale 18 ottobre 2001, n. 3.

39 Articolo così sostituito con l'art. 4, comma 1, della legge costituzionale 22 novembre 1999, n. 1.

del Presidente della Giunta che abbiano compiuto atti contrari alla Costituzione o gravi violazioni di legge. Lo scioglimento e la rimozione possono altresì essere disposti per ragioni di sicurezza nazionale. Il decreto è adottato sentita una Commissione di deputati e senatori costituita, per le questioni regionali, nei modi stabiliti con legge della Repubblica.

Il Consiglio regionale può esprimere la sfiducia nei confronti del Presidente della Giunta mediante mozione motivata, sottoscritta da almeno un quinto dei suoi componenti e approvata per appello nominale a maggioranza assoluta dei componenti. La mozione non può essere messa in discussione prima di tre giorni dalla presentazione.

L'approvazione della mozione di sfiducia nei confronti del Presidente della Giunta eletto a suffragio universale e diretto, nonché la rimozione, l'impedimento permanente, la morte o le dimissioni volontarie dello stesso comportano le dimissioni della Giunta e lo scioglimento del Consiglio. In ogni caso i medesimi effetti conseguono alle dimissioni contestuali della maggioranza dei componenti il Consiglio.

Art. 127[40].

Il Governo, quando ritenga che una legge regionale ecceda la competenza della Regione, può promuovere la questione di legittimità costituzionale dinanzi alla Corte costituzionale entro sessanta giorni dalla sua pubblicazione.

La Regione, quando ritenga che una legge o un atto avente valore di legge dello Stato o di un'altra Regione leda la sua sfera di competenza, può promuovere la questione di legittimità costituzionale dinanzi alla Corte costituzionale entro sessanta giorni dalla pubblicazione della legge o dell'atto avente valore di legge.

---

[40] Articolo così sostituito con l'art. 8, comma 1, della legge costituzionale 18 ottobre 2001, n. 3.

Art. 128.

[Abrogato con l'articolo 9, comma 2, della legge costituzionale 18 ottobre 2001, n. 3]

Art. 129.

[Abrogato con l'articolo 9, comma 2, della legge costituzionale 18 ottobre 2001, n. 3]

Art. 130.

[Abrogato con l'articolo 9, comma 2, della legge costituzionale 18 ottobre 2001, n. 3]

Art. 131[41].

Sono costituite le seguenti Regioni:
Piemonte;
Valle d'Aosta;
Lombardia;
Trentino-Alto Adige; Veneto;
Friuli-Venezia Giulia; Liguria;
Emilia-Romagna; Toscana; Umbria;
Marche;
Lazio;
Abruzzi;
Molise;
Campania;
Puglia;
Basilicata;

---

41 Articolo così modificato con l'art. 1 della legge costituzionale 27 dicembre 1963, n. 3.

Calabria;

Sicilia;

Sardegna.

Art. 132.

Si può con legge costituzionale, sentiti i Consigli regionali, disporre la fusione di Regioni esistenti o la creazione di nuove Regioni con un minimo di un milione d'abitanti, quando ne facciano richiesta tanti Consigli comunali che rappresentino almeno un terzo delle popolazioni interessate, e la proposta sia approvata con *referendum* dalla maggioranza delle popolazioni stesse.

Si può, con l'approvazione della maggioranza delle popolazioni della Provincia o delle Province interessate e del Comune o dei Comuni interessati espressa mediante *referendum* e con legge della Repubblica, sentiti i Consigli regionali, consentire che Province e Comuni, che ne facciano richiesta, siano staccati da una Regione ed aggregati ad un'altra[42].

Art. 133.

Il mutamento delle circoscrizioni provinciali e la istituzione di nuove Provincie nell'ambito d'una Regione sono stabiliti con leggi della Repubblica, su iniziative dei Comuni, sentita la stessa Regione.

La Regione, sentite le popolazioni interessate, può con sue leggi istituire nel proprio territorio nuovi Comuni e modificare le loro circoscrizioni e denominazioni.

---

[42] Comma così modificato con l'art. 9, comma 1, della legge costituzionale 18 ottobre 2001, n. 3.

TITOLO VI
Garanzie costituzionali

SEZIONE I
LA CORTE COSTITUZIONALE

Art. 134.

La Corte costituzionale giudica:

sulle controversie relative alla legittimità costituzionale delle leggi e degli atti, aventi forza di legge, dello Stato e delle Regioni;

sui conflitti di attribuzione tra i poteri dello Stato e su quelli tra lo Stato e le Regioni, e tra le Regioni;

sulle accuse promosse contro il Presidente della Repubblica[43], a norma della Costituzione.

Art. 135[44].

La Corte costituzionale è composta di quindici giudici nominati per un terzo dal Presidente della Repubblica, per un terzo dal Parlamento in seduta comune e per un terzo dalle supreme magistrature ordinaria ed amministrative.

I giudici della Corte costituzionale sono scelti tra i magistrati anche a riposo delle giurisdizioni superiori ordinaria ed amministrative, i professori ordinari di università in materie giuridiche e gli avvocati dopo venti anni d'esercizio.

I giudici della Corte costituzionale sono nominati per nove anni, decorrenti per ciascuno di essi dal giorno del

---

[43] Le parole «ed i Ministri» sono state soppresse con l'art. 2, comma 1, della legge costituzionale 16 gennaio 1989, n. 1.

[44] Articolo così sostituito con l'art. 1 della legge costituzionale 22 novembre 1967, n. 2.

giuramento, e non possono essere nuovamente nominati.

Alla scadenza del termine il giudice costituzionale cessa dalla carica e dall'esercizio delle funzioni.

La Corte elegge tra i suoi componenti, secondo le norme stabilite dalla legge, il Presidente, che rimane in carica per un triennio, ed è rieleggibile, fermi in ogni caso i termini di scadenza dall'ufficio di giudice.

L'ufficio di giudice della Corte è incompatibile con quello di membro del Parlamento, di un Consiglio regionale, con l'esercizio della professione di avvocato e con ogni carica ed ufficio indicati dalla legge.

Nei giudizi d'accusa contro il Presidente della Repubblica[45], intervengono, oltre i giudici ordinari della Corte, sedici membri tratti a sorte da un elenco di cittadini aventi i requisiti per l'eleggibilità a senatore, che il Parlamento compila ogni nove anni mediante elezione con le stesse modalità stabilite per la nomina dei giudici ordinari.

Art. 136.

Quando la Corte dichiara l'illegittimità costituzionale di una norma di legge o di atto avente forza di legge, la norma cessa di avere efficacia dal giorno successivo alla pubblicazione della decisione.

La decisione della Corte è pubblicata e comunicata alle Camere ed ai Consigli regionali interessati, affinché, ove lo ritengano necessario, provvedano nelle forme costituzionali.

Art. 137.

Una legge costituzionale stabilisce le condizioni, le forme, i termini di proponibilità dei giudizi di legittimità costituzionale, e le

---

[45] Le parole «e contro i Ministri» sono state soppresse con l'art. 2, comma 2, della legge costituzionale 16 gennaio 1989, n. 1.

garanzie d'indipendenza dei giudici della Corte.

Con legge ordinaria sono stabilite le altre norme necessarie per la costituzione e il funzionamento della Corte.

Contro le decisioni della Corte costituzionale non è ammessa alcuna impugnazione.

SEZIONE II

REVISIONE DELLA COSTITUZIONE. LEGGI COSTITUZIONALI

Art. 138.

Le leggi di revisione della Costituzione e le altre leggi costituzionali sono adottate da ciascuna Camera con due successive deliberazioni ad intervallo non minore di tre mesi, e sono approvate a maggioranza assoluta dei componenti di ciascuna Camera nella seconda votazione.

Le leggi stesse sono sottoposte a *referendum* popolare quando, entro tre mesi dalla loro pubblicazione, ne facciano domanda un quinto dei membri di una Camera o cinquecentomila elettori o cinque Consigli regionali. La legge sottoposta a *referendum* non è promulgata, se non è approvata dalla maggioranza dei voti validi.

Non si fa luogo a *referendum* se la legge è stata approvata nella seconda votazione da ciascuna delle Camere a maggioranza di due terzi dei suoi componenti.

Art. 139.

La forma repubblicana non può essere oggetto di revisione costituzionale.

DISPOSIZIONI TRANSITORIE E FINALI

I

Con l'entrata in vigore della Costituzione il Capo provvisorio dello Stato esercita le attribuzioni di Presidente della Repubblica e ne assume il titolo.

II

Se alla data della elezione del Presidente della Repubblica non sono costituiti tutti i Consigli regionali, partecipano alla elezione soltanto i componenti delle due Camere.

III

Per la prima composizione del Senato della Repubblica sono nominati senatori, con decreto del Presidente della Repubblica, i deputati dell'Assemblea Costituente che posseggono i requisiti di legge per essere senatori e che:

sono stati presidenti del Consiglio dei Ministri o di Assemblee legislative; hanno fatto parte del disciolto Senato;

hanno avuto almeno tre elezioni, compresa quella all'Assemblea Costituente;

sono stati dichiarati decaduti nella seduta della Camera dei deputati del 9 novembre 1926;

hanno scontato la pena della reclusione non inferiore a cinque anni in seguito a condanna del tribunale speciale fascista per la difesa dello Stato.

Sono nominati altresì senatori, con decreto del Presidente della Repubblica, i membri del disciolto Senato che hanno fatto parte della Consulta Nazionale.

Al diritto di essere nominati senatori si può rinunciare prima della firma del decreto di nomina. L'accettazione della candidatura alle elezioni politiche implica rinuncia al diritto di nomina a senatore.

IV

Per la prima elezione del Senato il Molise è considerato come Regione a sé stante, con il numero dei senatori che gli compete in base alla sua popolazione.

V

La disposizione dell'articolo 80 della Costituzione, per quanto concerne i trattati internazionali che importano oneri alle finanze o modificazioni di legge, ha effetto dalla data di convocazione delle Camere.

VI

Entro cinque anni dall'entrata in vigore della Costituzione si procede alla revisione degli organi speciali di giurisdizione attualmente esistenti, salvo le giurisdizioni del Consiglio di Stato, della Corte dei conti e dei tribunali militari.

Entro un anno dalla stessa data si provvede con legge al riordinamento del Tribunale supremo militare in relazione all'articolo 111.

VII

Fino a quando non sia emanata la nuova legge sull'ordinamento giudiziario in conformità con la Costituzione, continuano ad osservarsi le norme dell'ordinamento vigente.

Fino a quando non entri in funzione la Corte costituzionale, la decisione delle controversie indicate nell'articolo 134 ha luogo nelle forme e nei limiti delle norme preesistenti all'entrata in vigore della Costituzione.

[Comma abrogato con l'articolo 7, primo comma, della legge costituzionale 22 novembre 1967, n. 2]

VIII

Le elezioni dei Consigli regionali e degli organi elettivi delle amministrazioni provinciali sono indette entro un anno dall'entrata in vigore della Costituzione.

Leggi della Repubblica regolano per ogni ramo della pubblica amministrazione il passaggio delle funzioni statali attribuite alle Regioni. Fino a quando non sia provveduto al riordinamento e alla distribuzione delle funzioni amministrative fra gli enti locali restano alle Provincie ed ai Comuni le funzioni che esercitano attualmente e le altre di cui le Regioni deleghino loro l'esercizio.

Leggi della Repubblica regolano il passaggio alle Regioni di funzionari e dipendenti dello Stato, anche delle amministrazioni centrali, che sia reso necessario dal nuovo ordinamento. Per la formazione dei loro uffici le Regioni devono, tranne che in casi di necessità, trarre il proprio personale da quello dello Stato e degli enti locali.

IX

La Repubblica, entro tre anni dall'entrata in vigore della Costituzione, adegua le sue leggi alle esigenze delle autonomie locali e alla competenza legislativa attribuita alle Regioni.

X

Alla Regione del Friuli-Venezia Giulia, di cui all'articolo 116, si applicano provvisoriamente le norme generali del Titolo V della parte seconda, ferma restando la tutela delle minoranze linguistiche in conformità con l'articolo 6.

XI

Fino a cinque anni dall'entrata in vigore della Costituzione si possono, con leggi costituzionali, formare altre Regioni, a modificazione dell'elenco di cui all'articolo 131, anche senza il concorso delle condizioni richieste dal primo comma dell'articolo 132, fermo rimanendo tuttavia l'obbligo di sentire le popolazioni interessate[46].

XII

È vietata la riorganizzazione, sotto qualsiasi forma, del disciolto partito fascista.

In deroga all'articolo 48, sono stabilite con legge, per non oltre un quinquennio dall'entrata in vigore della Costituzione, limitazioni temporanee al diritto di voto e alla eleggibilità per i capi responsabili del regime fascista.

XIII[47]

I membri e i discendenti di Casa Savoia non sono elettori e non possono ricoprire uffici pubblici né cariche elettive.

Agli ex re di Casa Savoia, alle loro consorti e ai loro discendenti maschi sono vietati l'ingresso e il soggiorno nel territorio nazionale.

I beni, esistenti nel territorio nazionale, degli ex re di Casa Savoia, delle loro consorti e dei loro discendenti maschi, sono avocati allo Stato. I trasferimenti e le costituzioni di diritti reali sui beni stessi, che siano avvenuti dopo il 2 giugno 1946, sono nulli.

XIV

I titoli nobiliari non sono riconosciuti.

I predicati di quelli esistenti prima del 28 ottobre 1922 valgono come parte del nome.

---

[46] Il termine previsto in questo articolo è stato prorogato al 31 dicembre 1963 con l'articolo unico della legge costituzionale 18 marzo 1958, n. 1.

[47] Ai sensi dell'art. 1, comma 1, della legge costituzionale 23 ottobre 2002, n. 1, «I commi primo e secondo della XIII disposizione transitoria e finale della Costituzione esauriscono i loro effetti a decorrere dalla data di entrata in vigore della presente legge costituzionale».

L'Ordine mauriziano è conservato come ente ospedaliero e funziona nei modi stabiliti dalla legge.

La legge regola la soppressione della Consulta araldica.

XV

Con l'entrata in vigore della Costituzione si ha per convertito in legge il decreto legislativo luogotenenziale 25 giugno 1944, n. 151, sull'ordinamento provvisorio dello Stato.

XVI

Entro un anno dall'entrata in vigore della Costituzione si procede alla revisione e al coordinamento con essa delle precedenti leggi costituzionali che non siano state finora esplicitamente o implicitamente abrogate.

XVII

L'Assemblea Costituente sarà convocata dal suo Presidente per deliberare, entro il 31 gennaio 1948, sulla legge per la elezione del Senato della Repubblica, sugli statuti regionali speciali e sulla legge per la stampa.

Fino al giorno delle elezioni delle nuove Camere, l'Assemblea Costituente può essere convocata, quando vi sia necessità di deliberare nelle materie attribuite alla sua competenza dagli articoli 2, primo e secondo comma, e 3, comma primo e secondo, del decreto legislativo 16 marzo 1946, n. 98.

In tale periodo le Commissioni permanenti restano in funzione. Quelle legislative rinviano al Governo i disegni di legge, ad esse trasmessi, con eventuali osservazioni e proposte di emendamenti.

I deputati possono presentare al Governo interrogazioni con richiesta di risposta scritta.

L'Assemblea Costituente, agli effetti di cui al secondo comma del presente articolo, è convocata dal suo Presidente su richiesta motivata del Governo o di almeno duecento deputati.

XVIII

La presente Costituzione è promulgata dal Capo provvisorio dello Stato entro cinque giorni dalla sua approvazione da parte dell'Assemblea Costituente, ed entra in vigore il 1° gennaio 1948.

Il testo della Costituzione è depositato nella sala comunale di ciascun Comune della Repubblica per rimanervi esposto, durante tutto l'anno 1948, affinché ogni cittadino possa prenderne cognizione.

La Costituzione, munita del sigillo dello Stato, sarà inserita nella Raccolta ufficiale delle leggi e dei decreti della Repubblica.

La Costituzione dovrà essere fedelmente osservata come Legge fondamentale della Repubblica da tutti i cittadini e dagli organi dello Stato.

Data a Roma, addì 27 dicembre 1947

Enrico De Nicola

Controfirmano:

Il Presidente dell'Assemblea Costituente

Umberto Terracini

Il Presidente del Consiglio dei Ministri

Alcide De Gasperi

Visto, *il Guardasigilli*

Giuseppe Grassi

edizioni intra

COLLANE

Il Disoriente
Grandi classici della narrativa
Serie Pirandello Novelle per un anno
Serie Giallo e Noir
Serie Fantascienza Fantasy Avventura

I Grandi della Letteratura
Capolavori in formato 6×9 pollici
e testo ad alta leggibilità

Mysteria
Saggi e narrativa del "mistero"

Astra
Saggi e racconti. Oltre la Terra

Saggiamente
Saggi di scienze umane e sociali

Retoricamente
Saggi e manuali
su retorica, linguaggio e comunicazione

Politicamente
Saggi e scritti politici

Brĕvitĕr
Manuali e compendi giuridici

Visio
Arti grafiche e visive

Teatro da leggere
Testi teatrali

Printed by Amazon Italia Logistica S.r.l.
Torrazza Piemonte (TO), Italy

51525825R00050